社会工作研究方法指导丛书

丛书主编　曾守锤
丛书副主编　安秋玲

需求评估

Needs Assessment

大卫·罗伊斯
米歇尔·斯塔顿-廷德尔
卡伦·巴杰
J.马修·韦伯斯特
◎著

曾守锤
莫腾飞
◎译

上海教育出版社
SHANGHAI EDUCATIONAL
PUBLISHING HOUSE

丛书总序

　　社会工作是一门强调实务(practice)或做(do)的学科。它主要关注的是,如何帮助有需要的个体、家庭、组织和社区,如何促进社会的公平和正义。

　　或许是我们对实务倾注了大量的心血而无暇关注研究的问题。比如,我们非常强调对学生实务能力的培养,也注重专业教师要扎根于实务领域,但我们对研究的关注似乎不够。由此导致的后果之一就是,社会工作领域的研究水平不高,[1]学生的科学研究训练不足。[2]

　　以上这一解释颇具迷惑性,但更大的可能性或许在于我们的想法或认知:社会工作领域内的许多人都认为,社会工作主要不是一个理论或研究的问题,而是一个实务层面上的操作问题。[3]在这里,笔者尝试通过论证"好的实务需要研究"来破解这一迷思。

---

　　① 沈黎,蔡维维. (2009). 社会工作研究的理念类型分析——基于《社会工作》下半月(学术)的文献研究. 社会工作下半月(理论), 2, 4-9.

　　② 笔者长期以来一直担任社会工作研究方法课程的教学工作,对此有一些切身的体会。

　　③ 文军,刘昕. (2015). 近八年以来中国社会工作研究的回顾与反思. 华东理工大学学报(社会科学版), 30(6), 1-12+39.

　　我们通常将实务描述为"需求评估、计划制订和实施、效果评估和反思"等阶段。试问：哪一个阶段不需要研究呢？

　　首先，需求评估在很大程度上就是一个调研的过程。当你进入灾后重建社区时，你知道哪些人需要帮助吗？这些人需要什么样的帮助？什么样的帮助方式是他/她们能接受的和更方便的？虽然你手握资源，但你的资源毕竟有限。根据社会工作的价值追求，你希望找到那些"最"需要帮助的人，并解决他/她们"最"紧迫的需要。这是不是一个研究的问题?！同样，当你面对一个长期遭受丈夫虐待的女人时，你如何评估她的需求？这是不是需要研究?！笔者相信，我们可以列举出无数实务领域的例子来说明研究在需求评估阶段的重要性。但有人可能会说，这不就是实务的过程或阶段之一嘛！这与研究有何相干？笔者相信，当我们对研究有所领悟之后，我们或许可以这样来回应这个问题：研究让实务工作者可以系统地收集资料，从而减少信息的偏差。所以，基于研究的需求评估，为实务提供了重要的基础和出发点。

　　其次，计划制订和实施阶段也需要研究。在评估完案主系统的需求之后，在尝试与案主一起系统制订服务的方案或计划时，我们并不是"想当然"地很轻易就可以做好这件事——我们需要了解，案主当前面临的问题或困境，是否已经有了被证明有效的干预模式或方法。这是一个文献检索并评估研究质量的过程。它需要研究！很显然，这些被证明有效的干预模式或方法虽不能给我们提供现成的答案，但至少能给当前的干预提供指引的方向。在实施干预计划时，我们可能要收集量化数据或质性资料，从而为后期的效果评估做好准备。当然，我们可能还需要收集数据或资料，对干预的过程进行评估（开展过程评估）。这就涉及测量的知识或资料的收集工作——这需要研究，或者说需要掌握研究的方法。多说一句，在受过社会工作的专业训练后，实务工作者的头脑中可能装备了大量的实务干预的模式、方法和具体的技巧，但这些模式、方法和技巧绝大部分也是通过研究提炼出来的。从这个意义上来说，掌握研究方法，熟悉研究程序也许有助于我们理解这些模式、方法和技巧，从而不至于将这些模式、方法和技巧神圣化并奉为圭臬，不至于使我们缺少批判的精神和挑战的勇气。

最后，效果评估和反思阶段同样需要研究。在实务的这个阶段，我们需要收集数据或资料来评估干预的效果。至于思考应采用怎样的研究设计来评估服务效果或效益，其实早在干预开始之前就已经谋划好了：是采用单组前测—后测设计、静态的组间比较设计、时间序列设计、单后测设计，还是随机控制实验设计？所有这些知识都可以通过对研究方法的研习获得。当前，我国社会工作领域的干预研究中普遍存在一种不良倾向，那就是用主观的方法评估干预或服务效果：如果实务工作者自己"认定"服务或干预是有效的，那么该干预或服务就被假定为有效的。这种干预模式或做法显然是非实证的，西方把这种实务模式称为"权威为本的实务"（authority-based practice)。① 值得庆幸的是，学界已经认识到"权威为本的实务"模式或做法的不足或弊端，并逐渐在摒弃这种做法。是的，你不能以专家或专业权威自居，并"自认为"你的干预改变或帮助了案主，就指望别人也与你持相同的看法。这显然不符合社会工作实务/干预的规范模式。社会工作实务需要证据和研究！

综上所述，笔者试图表达的一个基本观点是，研究贯穿于实务的始终：我们研究案主的需求，我们研究已有的干预模式或方法，我们通过研究展示干预的效果。② 总之，实务不仅仅是一个操作层面的问题，它需要研究！这就是我们为什么需要学习研究方法的原因之一！

行文至此，我们可以得出这样一个结论：哪怕将社会工作的学科性质定位为百分百实务导向的，我们依然需要研究！没有研究，就没有好的实务。没有好的实务，不仅意味着资源的巨大浪费，而且可能会对案主造成伤害。这是任何一个有价值追求的社会工作者(以下简称"社工")不愿意看到的。

社会工作不仅需要实务，也需要研究。社会工作领域存在大量的现象或问题，需要我们去研究，要研究就要学习研究方法。比

---

① 何雪松. (2007). *社会工作理论*. 上海：上海人民出版社.
② 必须承认，行动研究与这一实务模式背后隐含的研究思路存在相当大的差异，具体可参阅：陈向明. (2000). *质的研究方法与社会科学研究*. 北京：教育科学出版社，pp.447-459.

如,中国的社工应具备怎样的专业能力?① 为什么大量的社工会辞职或流失?② 为什么绝大多数社会工作专业本科毕业生不做社工?③ 社会工作专业学生的专业认同和从业意愿水平如何,受到哪些因素的影响?④⑤ 学生在专业实习中的体验是什么,存在哪些问题或不足?⑥⑦ 如何准确、有效地评估学生的实习表现?⑧ 在中国快速推进社会工作职业化的过程中,其专业化程度呈现出一种怎样的样貌?⑨ 在国内开展社会工作实务,社工与案主的双重关系是可以避免的吗?⑩ 在政府购买服务的政策背景下,当专业社

① 雷杰,黄婉怡.(2017).实用专业主义:广州市家庭综合服务中心社会工作者"专业能力"的界定及其逻辑.社会,37(1),211-241.

② Wermeling, Linda. (2013). Why social workers leave the profession: Understanding the profession and workforce. *Administration in Social Work*, 37(4), 329-339.

③ Zeng, S. C., Cheung, M., Leung, P., & He, X.S.(2016). Voices from social work graduates in China: Reasons for not choosing social work as a career. *Social Work*, 61(1),69-78.

④ 林承彦,张兴杰,曾细花.(2013).专业认同影响从业意愿路径的实证分析——以社会工作专业为例.*高教探索*,3,133-138.

⑤ Yean, W., Yingqi, G., & Shouchui, Z. (2018). Geographical Variation of Social Work Students' Job Intentions in China: A Geographic Information Systems Approach. *Social Work*, 63(2),161-169.

⑥ Barlow, C., & Hall, B. L. (2007). What about feelings? A study of emotion and tension in social work field education. *Social Work Education*, 26(4),399-413.

⑦ 徐迎春.(2013).本土处境与现实策略——近十年来社会工作实习教育研究文献综述.*社会工作*,5,120-127+155.

⑧ Bogo, M., Regehr, C., Hughes, J., Power, R., & Globerman, J. (2002). Evaluating a measure of student field performance in direct service: Testing reliability and validity of explicit criteria. *Journal of Social Work Education*, 38(3),385-401.

⑨ 安秋玲,吴世友.(2014).我国社会工作专业化的发展:基于就业招聘信息的分析.*中国社会工作研究*,2,74-97.

⑩ 赵芳.(2013).社会工作专业伦理中的双重关系的限制、困境及其选择——一项基于城乡社会工作者的实证研究.*中国社会工作研究*,1,51-72.

工机构"嵌入"到街区时,会对专业社工与街区之间的权力关系产生怎样的影响,尤其会对社工的专业权利和专业自主性产生怎样的影响?[1] ……这些都是社会工作领域的问题。如果我们不学习研究方法,对研究的基本过程或程序不熟悉的话,我们对这些问题的回答就会是朴素的和苍白的。很显然,由于社会工作对弱势人群的关注,我们还需要对社会的弱势人群开展一些基础的调研或研究,[2][3]这里就不再一一列举了。最后,社会工作领域还有很多历史的、理论的和政策的问题有待研究。[4][5][6][8]

基于上述考虑,笔者一直在思考这样一个问题:我们可以采用怎样的方法来改变社会工作领域对研究重视不足和研究水平不高的现状。带着这一问题,上海教育出版社教育与心理出版中心的谢冬华主任、华东师范大学社会工作系的安秋玲博士和笔者走到了一起。我们决定策划一套"社会工作研究方法指导丛书",尝试为提高社会工作领域的研究水平尽绵薄之力。

本丛书所选的大部分著作来自社会工作领域。其实,在社会

① 朱健刚,陈安娜.(2013).嵌入中的专业社会工作与街区权力关系——对一个政府购买服务项目的个案分析.*社会学研究*,28(1),43-64+242.
② 顾东辉.(2013).下岗职工的非正式社会支持与求助行为——以上海为例.*中国社会工作研究*,第十辑,56-81.
③ 郑广怀.(2005).伤残农民工:无法被赋权的群体.社会学研究,20(3):99-118.
④ 文军.(2013).*西方社会工作理论*.北京:高等教育出版社.
⑤ 孙志丽.(2016).*民国时期专业社会工作研究*.北京:人民出版社.
⑥ 郭伟和.(2004).管理主义与专业主义在当代社会工作中的争论及其消解可能.*中国社会工作研究*,第二辑,55-72.
⑦ 黄晓春.当代中国社会组织的制度环境与发展.*中国社会科学*,9,146-164+206-207.
⑧ 王思斌.(2011).中国社会工作的嵌入性发展.*社会科学战线*,2,206-222.

科学领域,绝大部分研究方法是通用的。拿实验法来说,社会学的研究者会使用它,心理学的研究者会使用它,教育学的研究者也会使用它……那么,这些不同学科中的实验法有什么不同吗?笔者的观点是,它们大体是相同的,但由于不同学科的价值追求或要求存在一定的差异,在应用该研究方法时会受到某些限制或改变(在社会工作中,随机分配案主到不同的干预模式中是一个特别具有伦理争议的话题),而且这些不同学科的作者在阐述该研究方法时会结合该学科的知识基础,这就使得读者更能理解该方法在该学科领域内的独特魅力或特殊限制。因此,选择社会工作专业研究方法著作的好处是,它可以帮助读者更加无缝衔接地应用某种研究方法、研究程序或研究技巧,从而减少知识迁移的难度。另外,如果读者能够充分利用这些著作中的参考文献,这对他/她们了解或熟悉社会工作领域内的期刊和论文也会非常有帮助。

社会科学领域内一些经典、优秀的研究方法类著作,对社会工作这样一门应用性非常强的学科来说,也是非常有借鉴意义的。对此,我们也一并纳入丛书。

本丛书既包含引进翻译的著作,也包括国内学者原创的著作。第一批拟推出八部著作,它们是《干预研究:如何开发社会项目》《需求评估》《实务研究的质性方法》《质性研究的元分析》《准实验研究设计》《单一系统设计数据的统计分析》《扎根理论》《历史研究》(确切的书名以日后出版所具书名为准)。丛书计划在未来几年先期出版10—12本。此后,我们将陆续增选一些引进翻译的和国内学者撰写的研究方法类著作。欢迎学界同仁赐稿,并推荐优秀的英文版研究方法类著作。

让我们一起为社会工作奉献一套优秀的研究方法类图书,为提升该学科的研究水准和实务水平而努力吧!

笔者相信,在大家的共同努力和推动下,社会工作的明天会更真、更善、更美!

丛书主编　曾守锤

华东理工大学社会工作系教授、博士生导师

2018 年 5 月 14 日于上海

目录

第一章

什么是需求评估

本章介绍需求评估的定义,并分析定义中的每个要素。我们会分析"需求评估"这一术语对不同读者或个体具有的不同含义。在这一过程中,读者将了解界定需求评估的不同方法、如何将需求评估融入组织情境,以及如何在社会服务机构中使用需求评估。

一、需求评估的定义

简言之,需求评估就是一个估计需求的过程。这一定义的有趣之处在于,以下陈述也可被视为需求评估的简明定义。

- 需求评估是一种估计需求的方法。
- 需求评估是试图确定需求的努力。
- 需求评估是一种衡量差距和不足的活动。

这些定义有许多变式,我们可以从中衍生出更多关于需求评估的定义。例如,"需求评估就是一个估计需求的过程"这一定义,我们可以将其中的"过程"变为"程序"。我们也可以在上述四种定义之间切换。不过,首先,你要意识到需求评估是一种行为或活

4

1

动。如果没有一个或者多个人参与,需求评估是不会产生的。其次,需求评估是对感知到的需求的评估或复杂猜测。

虽然有可能找到专注于个体或家庭临床需求评估的专业文献,但本书的重点不在微观层面。我们不会讨论如何用一组心理测验来判断案主的需求或问题以及如何提供治疗计划。同样,我们也不会将"需求评估"这一术语应用于单个家庭的问题诊断。

相反,这里我们将"需求评估"用于对社区或大型群体的评估。我们以一个大城市为例,在宏观层面考虑需求评估。大城市的不同街区通常有不同的特点,因此不同街区的需求可能完全不同。一个接待大量观光客的街区关心的可能是交通拥堵和停车困难的问题,而另一个驾车枪击和毒品交易频发的街区最关心的可能是安全问题。某个街区的居民可能会觉得警察和消防设施已经足够了,他们只想用花花草草来美化街心公园和公共区域。

我们可以看出,不同街区的居民对其所在街区最紧迫的需求有不同的看法。请注意,在上面的案例中,我们并没有说不同街区的需求是该街区所有人一致的看法,我们只能说,这一看法代表了大多数居民的观点。也许那些想要改善交通拥堵问题的居民仅占全体居民的 38%,但这一比例要高于那些关注安全问题、道路坑洼问题或其他问题的居民的比例。

然而,社区并不总是指街区或城市。社区可以由受雇于同一家医院或精神健康中心的社会工作者组成,也可以由一群对继续

教育感兴趣的毒品滥用咨询师、某大学为秋季开学做准备的指导
老师、一群从伊拉克返回的战士或者一群向红十字会联络中心寻
求帮助的灾难受害者组成。

1. 需求是一个相对的概念

理解需求评估的关键是,要知道需求是一个相对的概念。这
意味着什么? 假设你的社区所在城市的市长请你与市议会协商,
准备一份该城市住房需求的评估报告。与此同时,又假设你在某
个早晨上班途中,在路边遇到两个无家可归的女人和一个无家可
归的男人。你自然会认为,安置这些无家可归者可能是首要需求。
你可能开始思考安置的办法,你开始统计每天晚上睡在城市公园
或河边树林里的无家可归者的数量,以及其中无法与他人交往的
社交障碍者的数量。

然后,当你走进下一个街区,那里住着许多低收入家庭,你看
到公寓外飘扬着大量晾晒的衣物,你开始想,住房面积太小也是一
个问题,需要统计住房面积过小的家庭的数量。你想知道:有多
少家庭是一大家子人挤在一个房间的? 此刻,你又开始思考那些
住在没有电梯的公寓里的老年人,你想知道他们中有多少人患有
关节炎,有多少人有行动障碍。

夏天,一个男孩在人行道上玩球,他躲过来往车辆,想要捡回
滚到街上的球。这时候你想,即使男孩和他的家人住房面积"足
够"大,如果你采访他的父母,他们可能也会说,要是有个后院或者
附近有个游乐场就好了。这会让你想起你大学时租的公寓。一间

小小的厨房、一间卧室和一间浴室。房间里温度无法调控,夏天没空调,水龙头总是生锈,所以你不敢喝自来水。虽然你可能从来没在房间里看到过蟑螂,但其他租户却经常打蟑螂。然后,你意识到,房间大小可能不那么重要,重要的是有可靠的调温系统,以及没有老鼠、蟑螂等的卫生环境。

当你的朋友德尼特走进来时,你端起一杯咖啡,思考着这个社区不同的住房需求。当你跟德尼特分享你上班途中产生的各种想法时,她打断了你的话,她说她一直在寻找一个新住处,她厌倦了现在住的地方,觉得必须找一个更舒适的住处。她想要房子里有壁炉,这样她就可以在下雪的时候舒服地靠着壁炉,一边读书一边品茶。尽管她现在是单身,但是她想要一个有四间卧室的公寓,大约 200 平方米。她希望有一间家用办公室、一个可以和朋友一起看电视的房间、一间客房和一间为自己准备的宽敞的卧室。她认为至少要有两间浴室,当然三间也行。理想的情况是,她希望住在配有私人游泳池和优质健身设施的公寓里。

在这个简单的小片段中,我们可以看到不同的人——无家可归者、居住的房屋品质不合格的人(住房面积太小或有调温系统、害虫等方面的问题)、住所缺少无障碍设施(如电梯)的人、渴望拥有更优美环境或更多便利设施的人——有不同的住房需求。

因此,当讨论需求评估时,你必须认识到这样一个事实:需求是一个相对的概念,而且需求主要取决于一个人所处的情境。显然,通过住房需求的例子我们可以看出,存在一个需求层次结构。

无家可归者可能乐于接受远低于合格标准的住所，以此来改善自 7
己的居住状况，安全或便捷的问题可能并不是他们关注的重点。
当涉及住房需求这一话题时，有大量可支配收入的人有完全不同
的住房期望和需求，这不足为奇。

　　需求不仅与一个人的贫富程度有关，而且会随时间推移而改
变。在发明和广泛使用手机之前，许多家庭只有一部供所有家庭
成员共享的固定电话。现在，每个家庭成员都有自己的手机，这是
普遍现象。同样，在 1970 年，平均每个家庭拥有 1.4 台电视机。
2005 年，平均每个家庭拥有 2.6 台电视机。每个家庭拥有电脑的
数量也在增长。1970 年，几乎没有家庭有电脑。1997 年，37％的
家庭有电脑。到 2003 年，62％的家庭拥有电脑（U. S. Census
Bureau，2007）。在电脑以普通人能接受的价格销售之前，家庭是
没有"电脑需求"的。今天，许多人可能已经有一台台式电脑，但还
想要或需要一台更新、更快的台式电脑或笔记本电脑。人们可能
还想扔掉笨重的显示器，买个平板电脑。当然，这种需求不同于一
些农村地区的高中生，他们家里没有台式电脑或笔记本电脑，必须
走很远的路到家附近的图书馆才能使用电脑。

2. 评估的定义

　　在上面这个例子中，"评估"是"测量"和"估计"的同义词。但
是，有时候词汇也会限制我们的思维。例如，我们可以估计建筑物
有多高，也可以直观判断公路上行驶的汽车速度有多快。这两个例
子可能都是一种片面的猜测（不是非常客观或科学）。这不是我们希

5

望你考虑需求评估的方式。我们希望你最好将需求评估看作统计。

我们继续讨论前面那个无家可归的例子。人们可能会开展一个需求评估来统计每晚有多少无家可归者,目的是了解现有的收容所是否能容纳他们,有多少无家可归者可能会被拒之门外而不得不睡在餐厅的地板上。如果无家可归者的数量大于收容所能容纳的数量,那么可能需要扩建现有的收容所或建造新的收容所。

统计是需求评估的基本方法,有时将其视为可行性评估或前置评估。然而,需求评估也需要特殊的方法。假设一个机构想要为青少年物质滥用者提供一个新的住院治疗机构,并认为拥有 18 万人口的美国中西部大城市里有很多青少年物质滥用者,可以住满新安置的 20 个床位。但是,在斥巨资建设收容所并获得运营许可之前,该机构最好了解该地区药物滥用治疗师是否认为有必要建一个新的住院治疗机构,以及他们是否会将案主转介到该机构(你难道不想知道每位药物滥用治疗师一年可能会转介多少案主吗?)

在商界,这类需求评估被称为市场分析,并可以从成本、法律可行性和任何可能妨碍项目成功的独特环境或文化因素来审查拟议项目的可行性。例如,该地区药物滥用治疗师也许有丰富的治疗物质滥用案主的工作经验,而不会将他们转介给其他住院治疗机构。或者,也许药物滥用治疗师团体认为,附近的住院治疗机构的设施已经很好了,不会将案主转介到其他地方。

虽然统计可能是开展需求评估的主要方法,但不是唯一的方

法。例如，聘请一位酗酒治疗领域的权威专家，并邀请他为社区规
划小组提供咨询服务。该专家拥有丰富的需求评估经验，可以根
据现有的社会指标（如酒驾被捕、肝硬化死亡和酒类产品销售数
量），用公式来估算社区所需服务（如门诊、短期住院和善后护理）的
数量（更多文章见 Rush，1990；Cook & Oei，1998；Best，Day，&
Campbell，2007；Sawicki & Flynn，1996）。

二、需求评估的方法

1. 需求的类别

在生活中，有选择（例如，有多种口味的冰激凌）通常是件好
事。事实证明，聘请专家只是需求评估的方法之一。事实上，根据
布拉德肖（Bradshaw，1977）的模型，有四种需求评估方法：规范
性需求评估、表达性需求评估、感觉性需求评估和比较性需求评
估。下面讨论每一种需求评估方法。

聘请专家或知情人（那些在社区中处于有利地位、了解社区或
社区问题的人，有时候是杰出的专家研究小组成员）是一种特殊类
型的需求评估方法，被称为规范性需求评估。举一个简单的例子，
马约诊所建议 4—8 岁的男孩和女孩每天摄取 800 毫克的钙。在
这个年龄阶段，女孩至少需要摄取 1 200—1 800 卡路里的热量，男
孩至少需要摄取 1 400—2 000 卡路里的热量，也可能需要更多，这
取决于男孩和女孩的活动水平和年龄。儿童摄入的钙或热量低于
建议水平，就会出现营养不良，处于有需求的状态。

需求评估的另一种评估方法是表达性需求评估。表达性需求评估通过调查案主所需服务的详细情况来估计需求状态。例如：过去 3 年收容所为多少无家可归者提供了服务？这些无家可归者中，有多少是 30 岁以下的年轻人？有多少是退伍军人？有多少以前去过收容所？有多少需要转介到治疗酗酒的机构？这些需求数据将提供得到服务的案主的详细情况。然而，这样的需求数据只是"冰山一角"，它并没有说明可能需要这种服务但不知道有这种服务，因而没有前往收容所以获得所需服务的人数，以及因为某些未知的原因（如怀疑该服务可能有很长的等待名单或需要相关证明文件）不想那么麻烦去申请这项服务的人数。

感觉性需求评估是直接询问案主需求的一种需求评估方法。这是最能把握案主视角的一种需求评估方法。一般而言，可通过对案主进行问卷调查或访谈来了解案主的需求。

比较性需求评估类似于寻找案例，这种需求评估方法尝试考察那些接受某个项目或机构服务的人的特征，如果条件允许的话，在其他地方寻找符合这些特征的人，以此扩展服务并据此统计出"真实"的需求量。

对于尝试理解"需求"这一概念的学生和实践工作者来说，不同的需求评估方法意味着，"需求"是一个没有概念边界的术语，因此必须在每种评估方法中给"需求"这一概念下操作化定义（Royse & Drude，1982）。换句话说，其他人可能并不理解你指的是何种需求，进行的是哪种需求评估。因此，为保证你和需求评估规划小组或委员会的其他成员对"需求"这一概念有共同的理解或看法,并能够向其他人解释清楚"需求"这一概念,给这一概念下操作化定义非常重要。

无论你认为需求评估是简单地统计需要服务的案主数量,还是更加复杂的、多管齐下的工作,需求评估过程的本质都是了解社区的实际需求。要了解社区实际需求的范围或程度,就有必要讨论一下评估需求的方法。需求评估可以是定量的,也可以是定性的。我们稍后会详细讨论这个话题。首要的一点是,我们必须决定应该统计什么或测量什么。

2. 聚焦需求评估：四个焦点

11

每当开展需求评估时,我们都旨在了解拟评估的群体或社区的需求程度。但是,在评估需求之前,我们必须清楚想要评估的是什么。通过关注想要评估的问题,我们可以继续研究需求评估的方法。我们将关注另外四种评估社区服务需求的方法。

（1）服务可知性

在审视社区服务时,首先要考虑一个简单的问题：居民是否知道某项社区服务的存在？一个社会工作者或者社会工作专业的学生很容易忽略这个问题,即自己所知道的社区服务可能并不是社区中的每一个人都知道。例如,许多人可能不知道,社区可以为那些想要咨询药物滥用或精神健康问题的人提供他们可以负担得起的服务。一项向公众推广精神健康社区服务的一个县域案例研究发现,该县 39％的成年人不知道社区是否提供吸毒或酗酒问题的咨询服务，49％的成年人不知道社区是否提供婚姻咨询服务，53％的成年人不知道社区是否提供儿童问题咨询服务（Royse，1987）。显然，如果社区提供这些服务，而居民却不知道，那么可能需要开展宣传活动，而不是重建一个社区服务机构。

（2）服务可用性

如果在调查中接触一些受访者，他们可能通过调查知道（或猜出）自己所在的社区提供某些社区服务，但是并不了解这些社会服务的可用性（因为他们从未使用过这些社区服务）。例如，我们可能知道本地医院急诊科可以治疗咽喉炎，但是对于治疗要等待多长时间知之甚少。或者，再举一个例子，假设某个案主需要到社区医院拍摄乳房 X 光片，她被告知需要等 3 个月，你有理由相信，尽管拍乳房 X 光片的服务在理论上是可用的，但由于排队时间过长，对于那些既没有保险又担心乳房肿块的人来说，这项服务其实已经不可用了。社区服务的可用性通常是指服务（如护理者和服务项目）的充足性（Penchansky & Thomas，1081）。

（3）服务可及性

服务可及性通常与服务机构的地理位置有关。一个非常现实的问题是，那些没有车或不会开车的人可能无法走很远的路去接受社区服务。虽然居民可能知道社区服务是可用的，也乐意接受这些社区服务，但是缺少交通工具、油价高或者在不熟悉的地方开车难度大等，会阻碍他们接受社区服务。除了地理位置之外，社区服务可及性还包括：

- 工作时间不便（例如，社区可能只在周一至周五上午 8 点至下午 4 点提供服务，而全职工作或上学的潜在案主可能需要在晚上或周六才有时间）。

- 缺少特殊人群（聋哑人、盲人、行动障碍者和需要翻译的人）需要的人员或设施。

- 服务费用。尽管社区服务可能只向案主象征性收取一些正常的费用，但即使收取小额费用，也会使一些案主无法获得社区服务或使他们无法获得个人提供的服务。

- 根据收入、年龄或行政区划设定的服务资格。

- 需要照料或托管儿童的服务。

社区居民可能由于服务可知性问题，不知道社区服务的存在。然而，即使他们知道有可用的社区服务，由于服务不可及，他们仍然可能不会使用社区服务。

（4）服务可接受性

如果服务是不可接受的，就可以将它们看作是不存在的，尽管事实上服务既是可用的，也是可及的。一般来说，可以认为服务的可接受性是案主对服务提供者的特征、做法，以及对潜在案主态度的看法（Penchansky & Thomas，1981）。哪些特性会使社区服务不可接受？这里有一些例子：

- 社区位于不安全街区。

- 社区工作人员不称职或不专业（例如，不遵守保密规定，向社区其他居民讲述案主的问题）。

13

- 社区工作人员不友好（例如，在文化、种族上"歧视我"）。
- 社区服务收费昂贵。
- 社区服务文书、文件过多，或者要求特别转诊。
- 等待队伍或名单过长。
- 价值观不一致（例如，意外怀孕和代理机构不会讨论除收养之外的其他选择）。
- 环境不卫生。
- 缺少隐私保护。
- 服务过程缺少尊严（例如，有人身攻击或问很多细节）。

有时，这四个焦点之间似乎相互关联，难以分开。例如，工作时间不便可以被看作一个服务可及性问题（例如，如果晚上不提供服务，我就没法预约），但也可能被看作一个可接受的问题（例如，我可以在下午晚些时候预约，但我更喜欢晚上的时间，这样我就不必请假了）。类似地，资金非常有限的潜在案主如果无法承担需要付费的服务，也可能会说服务收费过高是不可接受的。

14　　从这个讨论中你可以看出，评估社区服务需求的方法有很多。但重点是，无论是服务可知性、服务可用性、服务可及性，还是服务可接受性，需求评估的目的是了解被评估社区中社区服务的欠缺程度。如果我们将社区服务视为一个用来捕捉那些在生活中遇到困难的人的安全网，那么那些遇到困难的人的需求就是安全网上的洞，而评估则是定位这些洞，修复安全网并使其更加完整的手段。需求评估通常用于评估社区服务供给系统中存在的不足，也用于全国范围的评估或更小范围的评估(例如,组织内员工的评估),后文将作阐述。

在许多社区,当地的联合劝募会①可能已经有服务目录或服务清单了,列出了该地区提供社会服务和人类服务的详细目录。这份服务目录或服务清单是社区服务可用的起点,确定社区可以提供哪些服务。服务目录或服务清单也可能包含一些服务可及性信息。然而,你不太可能在服务目录或服务清单中找到服务可知性或服务可接受性的信息。

当你考虑前文已讨论过的需求评估的不同方法时,你可能会发现,服务可知性、服务可用性、服务可及性和服务可接受性这四个焦点都从案主的角度提供了重要的观点。

三、如何将需求评估融入组织情境

通常,当我们想到社会服务时,我们会想到那些已经存在的服务。就像水龙头里流出干净的可饮用的水一样,这些已经存在的服务对于我们来说是可以得到的。我们可能不会考虑没有这些服务的日子。然而,有时社会问题几乎是在一夜之间发生或出现的,也许是因为一些细心的观察者发现了一种问题趋势或模式,并使这一问题趋势引起公众的注意(例如,婴儿猝死综合征、网络欺

---

① 联合劝募会(United Way)是美国一个慈善组织联盟,传统上是集中力量进行筹款,20世纪90年代以来日益注重通过与地方的政府、基金会、学校和其他组织合作来进行社区建设。每个劝募会都有自己的地方管理志愿者委员会。该组织1887年成立,名称几经变更,1963年采用"联合劝募会"这个名称。——译者注

15 　凌）。亲人、朋友或家人经历的个体悲剧也可能变成一些新项目（例如,反醉驾母亲协会)的催化剂。因此,社会问题的根源可能是近期的,也可能可以追溯到很久以前。

显然,像酗酒、吸毒成瘾、无家可归、精神疾病、家暴、虐待儿童等社会问题给很多人造成影响。这些问题给那些直接受影响的人带来困难和痛苦,也给社会带来危害,社会必须为此付出代价,必须为这些人提供治疗资金并为其提供重新融入社会的措施。社会问题的存在促使建立社会服务组织和专门项目组,以解决这些问题。

在理想的环境中,规划者将为需求评估投入时间和资源,以便在出现问题后立即评估问题的范围和严重程度。一旦知道问题的范围和严重程度,规划者和服务提供者就可以讨论并设计最有可能减少问题影响的干预措施。基于循证的实务模式,规划者和服务提供者可能需要花几个月的时间来查阅文献并提出解决问题的方案。委员会想要找到一个最有效的解决方案,可能决定取众项目之长,设计一个全新的干预项目。可用的经济资源可能决定最终实施哪个项目或干预措施,因为一个全新的干预项目可能需要额外的场地、雇用新员工或对老员工进行再培训。

一旦服务到位并投入使用,项目评估就可以告知规划者干预是否对社区产生影响,是否需要在必要时对干预进行微调。良好的管理要求收集项目评估信息。如果项目运作良好,就可以继续进行,并在需要时对项目进行微调;如果案主似乎没有好转或受到伤害,则可以取消项目。项目评估有时是正式的(例如,聘请或指派专门的评估人员来确定项目的有效性),有时则是非正式的。

过了一段时间后,应再次开展项目评估,以确定该项目是否对社会问题和社区需求产生影响。如果需求发生了显著变化或者根本没有变化,也许有必要再次讨论解决社会问题的其他干预措施,这个过程又重新开始了。图1.1是这个过程的示意图。

16

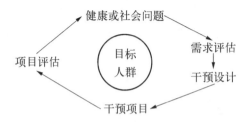

图1.1 社会服务项目生命周期

理想的情况是,每个全新的干预项目都应从需求评估开始,通过提供谁有问题、有多少问题、问题持续了多长时间,以及采取了哪些补救措施等基本信息,使干预措施发挥最大效用。在社会服务项目生命周期的前期开展需求评估,可以准确确定目标人群,从而使干预措施成功的机会最大。

需求评估总是涉及问题焦点。在统计一个城市或一个州问题或个案(例如,虐待儿童)的数量时,需求评估的问题可能非常具体。从广义上讲,需求评估的问题焦点可以以人口为中心,也可以以特定地点为中心,例如,确定"卡特里娜"飓风幸存者的需求,这些幸存者除了无家可归外,还失去了工作、宠物、衣服、社区和学校等。

如果你评估的不是一个社区或一个特殊群体的需求,而且你 **17** 的问题也没有对案主或社会服务产生直接影响,那么你感兴趣的 可能不是需求评估,而是某种形式的基础研究。科学家经常问与 需求评估无关的"为什么"或"是什么"的问题。一个化学系的学生 可能想知道为什么把薄荷糖放入可乐就会产生喷泉,还有哪些糖 会产生类似的效应。这些问题以及其他更严肃的化学问题与需求 评估问题是不同的,因为在基础科学研究中,调查的目的可能是回 答一个理论知识的问题。相反,需求评估总是涉及知识的应用。 需求评估始于一个需要解决的问题,目的是改善案主或患者的生 活质量或生活条件。

四、需求评估的功用

社会工作者通常将需求评估用于以下四种目的。下面依次进 行讨论。

1. 保护资源或确立新的努力方向

如前所述,需求评估通常是因为社区中有一个人或多个人觉 得社区里需要一个新的服务项目、一种新的干预措施或一个新的 服务机构。例如,当某地无家可归者收容所每天晚上都人满为患 时,关心这一问题的人士可能就会倡议建立一个新的收容所。他 们可能会将这一情况反馈给市长或市议会,或者试图让当地的电 视台作个新闻报道,以此让公众知晓这一情况。有时候,有人可能 会主张开展需求评估,而不仅仅统计有多少人无法住进收容所。

在解决某个问题时，倡议者可能会给出单一的解决方案（例如，一个新的、更大的收容所），也可能会给出多重解决方案。例如，有人可能会建议建造更多的单身公寓，这样，这些无家可归者在《房屋租金援助条例》（美国的一项公共福利）第八条的帮助下，就有能力支付租金并独立生活。还有一类倡议者可能会主张为无家可归者提供更多的戒毒所床位，认为这才是解决无家可归者流落街头的最优方案。正如你所看到的，这一方案需要开展需求评估，这显然比仅仅统计 12 月份和 1 月份每晚无法住进收容所的流浪者人数更复杂。随着问题解决方案变得复杂，需求评估工作的复杂性也增加了。

2. 政策变革

除了倡导新的解决方案之外，倡导者还可能主张修改或修订政策。举例来说，假设我们把上面这个例子中的"无家可归者"改为"无家可归的妇女"，假设申请本地妇女收容所床位的妇女人数增加，而收容所的服务政策只是"先到先得"，那么在该政策指导下，带着孩子的无家可归的妇女如果来晚了，很可能被拒之门外。然而，也有人主张为无家可归的母亲及其孩子着想，应改变政策，每天晚上为有孩子的无家可归妇女留出一定数量的床位。换言之，有孩子的无家可归妇女获得床位的优先级高于无家可归的单身妇女。在这个例子中，需求评估可以统计有孩子的无家可归妇女被拒绝的次数、涉及多少孩子，以及这些有孩子的无家可归的妇女是否能找到其他收容所。

3. 提升服务

机构和项目负责人希望知道改进服务的方法。例如,社会服务项目经理可能想找出阻碍案主预约服务(例如,托管服务等)的障碍(例如,交通不便等),市议会可能想知道一个社区的居民有哪些需要解决的问题,从事幼儿启蒙教育工作的社会工作者可能想知道她的项目中有多少家庭需要孩子穿的外套。

19   需求评估也用于其他需要提升服务的情境。例如,医院可能会给那些做过手术的病人打电话,了解他们的就医体验。这些需求评估工作通常被认为与患者的满意度调查有关,因为满意度调查与需求评估的工作是重叠的,满意度调查的目的是了解应该改变哪些程序以提升患者的就医体验,关注的是患者未满足的需求。与满意度调查类似,需求评估也可能会暴露组织中需要改善或改进的内容。

4. 建立并加强伙伴关系

需求评估的结果可能会促进发展新的合作伙伴关系或加强与旧伙伴的联系,为案主提供新的或改善的服务。让我们来看一种情况,在收容所负责管理无家可归者的工作人员发现一些常见的问题:患有慢性病或严重疾病,需要静脉注射治疗的患者在收容所得不到治疗,因为收容所里没有医务人员。通过需求评估,统计那些病情严重的无家可归者和病情没有严重到需要住院的无家可归者(例如,接受化疗或放疗的无家可归的癌症病人或外科手术后处于恢复期的无家可归的病人)的数量后,收容所的工作人员可以

到当地的卫生部门或附近的医院寻求合作伙伴的帮助。在收容所
与医疗机构合作,共同为无家可归者开设临时收容医疗中心后,美
国的一些社区已经解决了这个问题。

五、小结

本章为理解"什么是需求评估"提供了概念基础。有了这一基
础,我们就可以在下面的章节中对"需求评估"这一概念进行建构, 20
以此为社区或机构设计需求评估。正如我们所讨论的,需求评估
的第一步是确定问题。该过程一直持续到撰写和分发给利益相关
方的需求评估报告。图 1.2 是需求评估基本步骤的示意图,虽然
正如在接下来的章节中将看到的,其中可能会有些许变化,但是大
多数需求评估都遵循这个步骤。

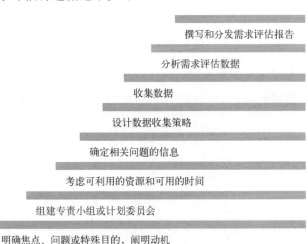

撰写和分发需求评估报告

分析需求评估数据

收集数据

设计数据收集策略

确定相关问题的信息

考虑可利用的资源和可用的时间

组建专责小组或计划委员会

明确焦点、问题或特殊目的,阐明动机

图 1.2　需求评估基本步骤示意图

第二章

需求评估第一步

　　需求评估有很大差异。这种差异可能源于拟评估的问题类型、数据收集的目的、可用的资源，以及使用的设计和方法。事实上，影响需求评估的因素有很多，因此不要把需求评估看作一种总是可以成功复制的特殊方法。最好将需求评估看作一组信息收集的手段。无论是从设计的严谨性、结果的普遍性，还是从研究的花费、参与者的数量等方面，将需求评估看作一组信息收集的手段是有用的。在第二章中，我们的目标是向读者介绍需求评估的第一步。无论是复杂的需求评估还是简单的需求评估，都必须考虑许多相同的问题，尽管研究者可能以不同的方式来表达这些问题。

一、需求评估的动机

　　图 2.1 的动机连续体说明，需求评估随动机或投入的变化而变化。专栏 2.1 描述了负责需求评估的人动机水平相对较低的一个案例。

图2.1 需求评估动机/投入连续体示意图

专栏2.1 授权需求评估的案例

几年前,当一位作者被聘为精神健康委员会研究和评估主任时,州政府要求每个地区的精神健康委员会每年进行一次需求评估并授权地方精神健康委员会开展需求评估,同时,每个地方精神健康委员会都可以选择自己的方法、拟研究的人群,以及在该项目中投入多少精力。因此,有的地方精神健康委员会与服务提供者联系,确定案主出现了哪些新的需求或问题;有的地方精神健康委员会在报纸上登广告,让市民写下他们的需求,并将信息以邮件的形式发送给地方精神健康委员会;还有的地方精神健康委员会对社区居民开展随机调查。几乎所有打着"需求评估"名号开展的数据收集活动都被州政府接受。

需求评估似乎是一项繁忙的工作,但对州政府和地方精神健康委员会来说并不是一个有用的、合理的规划。一方面,需求评估工作人员对地方精神健康委员会资源极度紧张这一事实很敏感,这是可以理解的。另一方面,由于地方精神健康委员会缺少工作指导方针,没有专注于某些案主或人群(例如,儿童、老年人、有色人种、药物滥用者等),也没有标准化的方法

（例如，每个地方精神健康委员会都创建自己的调查问卷，并按照自己的意愿去分发问卷），因而不同的地方精神健康委员会收集的数据不具有可比性。换言之，上报给州政府的数据信息是参差不齐的，因此无法从同一角度看到不同地区的心理健康需求。公平地说，对州政府而言，开展需求评估无疑是他们的一种尝试，鼓励地方精神健康委员会根据他们拟资助的项目和未资助的项目来审视他们的工作优先事项，这是一种需要深思熟虑的思考过程。虽然州政府有权授权地方精神健康委员会开展需求评估，但这一授权对地方精神健康委员会的实际规划、资金分配和方案实施周期产生多大影响是值得怀疑的。我们可以肯定的是，可以得到公正公平的信息报告。人们不禁想知道，如果需求评估是自下而上的，来自社区居民或基层，或发现某些问题趋势的机构工作人员，并希望倡导新的措施，这些需求评估的结果是否会产生更大的影响？

在动机连续体的一端是项目，其中有一群非常关心社区问题的人参与其中。这些人可能是社区中自杀死亡的某个人的亲人或朋友。这种发生在亲人或朋友身上的悲剧，可能会激发他们投身自杀预防和治疗计划项目并成为该项目的积极倡导者。因为他们渴望解决这个问题，他们可能会把需求评估看作实现目标或者带来改变的关键。通常，有些人认识到收集真实的事件发生率和问题严重程度的重要性。这些真实的数据信息可以用来增加相关服务的申请或为有需要的人提供帮助。

在动机连续体的中间,也许是工作人员或专业人员,他们在工作过程中观察到案主的需求与机构提供服务之间的错位。他们关心的是,机构或社区稀缺的资源应准确用于有最迫切需求的人群。这些工作人员对工作可能没那么热忱,但因为他们是专业人士,他们希望提升社区服务。

因为工作人员的知识源于少数案例,所以他们知道系统收集 24 资料的重要性。与孩子患有发育障碍的父母或女儿需要日托服务的父母不同,这些工作人员没有创新或扩展服务的个人需求或动机。因此,他们的工作动机只是中等程度的,主要是倡导服务的某些方面发生改变。

还有一种需求评估的情况是,并没有哪个团队倡导开展需求评估,但仍有相当一部分资源用于需求评估。这可能是因为市长或其他官员要求开展需求评估,也可能是因为有人投诉救护车或警察的反应时间过长、道路坑洼、缺少儿童活动场所或公园等。某种类型的社区范围的需求评估可以让民选官员作出更明智的决定,合理使用盈余资金或将小问题或罕见问题与大多数公民认为的紧急问题区分开来。当然,某个特殊的利益集团可以就某个问题(例如,警察过度使用武力)发起倡议,并获得群众的支持。

应该清楚的是,需求评估工作取决于参与人员的工作动机和投入程度。与一群缺乏工作热情的公民相比,一个有强烈工作动机和积极投身于需求评估的委员会或任务小组可以完成的工作更多。

　　无论需求评估工作是由一个充满工作热情的团队开展,还是由某个工作人员单独开展,需求评估的目的都必须与利益相关者一致。利益相关者包括所有与问题或议题有关的人。威特金和阿特休尔(Witkin & Altschuld,1995)区分主要利益相关者(直接受益人、间接受益者)和次要利益相关者(方案制定者)。因此,如果是高中辍学率增加的问题,次要利益相关者可能包括警察、校长、辅导员、社会工作者、教师、学校董事会成员、家长团体和对学校事务有投票权的纳税人。资助者、政治家和与市民代表也可被视为利益相关者。

　　如果需求评估是在一个社会服务机构中进行的,那么从逻辑上讲,利益相关者包括案主(过去的案主和现在的案主)、社区服务机构的工作人员,以及社区中其他相关人员(例如,神职人员或其他社区工作者)。利益相关者很重要,因为他们可能是项目发起者(例如,他们本身就是案主),可能是项目工作人员(例如,项目员工、项目经理、项目负责人),可能是建议案主参与项目的工作人员(例如,法官、律师、社会工作者),也可能是看到项目需要并有能力促进变革的有权势或有影响力的人。当然,当计划开展需求评估时,工作组或委员会需要讨论收集哪类信息,这些信息给谁使用,谁会阅读相关报告,甚至可能需要预设利益相关者可能会就需求评估提出的问题。

　　每个利益相关者可能都有不同的利益诉求。例如,案主可能

25

会希望机构能更多地满足他们的需求。然而,由于资源有限,管理者可能希望优先考虑服务人群的需求。项目倡导者可能希望展现项目的重要性。项目资助者可能希望在投入资源之前看到需求评估的结果,等等。现在,重要的是要记住,利益相关者的影响力和他们的支持(或不支持)将对需求评估过程产生影响。

二、从哪里开始

如果你和大多数社会工作者或社会工作专业的学生一样,被委以开展需求评估的任务时,你想到的第一个问题可能是:"我从哪里开始?"幸运的是,需求评估的过程不像走迷宫,只有一个入口和出口,也不像爬天梯,如果你脚底打滑或踩空,可能会有致命的危险。

作为一名需求评估调查员,你可以根据关键问题从任意一个地方开始你的计划。你可以将这些关键问题视为进入需求评估计划过程的"大门"。当然,那里有多个"大门"或多个起点,它们大小各不相同。一个机构可能有丰富的可用于需求评估的资源,也可能缺乏资源。同样,项目周期可能很长("大门"很宽),为了完成项目,可能需要尽快收集资料,并且仅举少数几个例子。接下来,我们将讨论影响需求评估设计的一些主要因素。

1. 目的和影响

如果不讨论需求评估的目的,就无法讨论需求评估的影响。事实上,需求评估的目的和需求评估的影响是不可分割的。需求

26

评估的讨论,可能源于机构内部,如工作人员发现了一些问题或希望改变服务,也有可能源于理事会、委员会或管理层,他们认为应该开展需求评估。如本章前文所述,授权开展的需求评估可能对收集哪些信息或如何利用这些信息没有明确的期望,在这种情况下,负责需求评估的工作人员需要在开始需求评估之前收集更多的信息。

有时,问题可能会促使开展需求评估。这种推动力可能来自一个引起公众注意的戏剧性问题。然而,这个问题影响的人相对较少,而需求评估的结果可能会导致这小部分人致力于倡导新的方案或更普遍的事项,例如,更好的社会治安,从而对整个社区的居民产生影响。无论需求评估的动机是什么,需求评估的目的、预期影响和需求评估的使用都是开始需求评估的“大门”或起点。如果你预感需求评估委员会可能会怀疑你的发现,甚至充满敌意地拒绝你的发现,那么你可能需要做好规划,严谨地收集数据。即使你的预算很少,你也需要设计出一个能够经得起严格审查的计划。(第三章提供了与不同需求评估策略相关的审查严格程度的信息。)

当一群倡导者开会规划一项需求评估时,首先讨论的主题可能是:“我们如何使某某某相信这是社区中真正存在的问题?”因此,需求评估的目的和影响的起点可能是变革中的政治活动。改变并非易事,即使给理性的、明智的决策者提供了充分的证据,亦是如此。因为创建一个新项目可能需要削减另一个项目的预算,以便将资金用于新项目。同时,也经常有一些不愿看到变化的现状维护者。因此,需求评估可能涉及必须让谁相信以及实现这一目标的最佳途径的政治问题。从这扇"大门"开始,倡导者的关注点可能是以下政治性问题:

- 哪些是最有说服力的证据(或最可靠的信息源)可以使怀疑者相信项目的必要性?
- 哪些证据可以说服决策者?
- 哪些证据可以让社区认识到这个问题?

在考虑政治领域需要哪些证据资料时,可能需要考虑以下这些信息,例如,市长更相信哪个人、哪个组织或哪个社区的意见。因此,这些有影响力的人士或组织应包含在需求评估工作中。如何让他们更好地参与需求评估,没有硬性的规定,主要取决于你对机构、社区或决策者的了解,以及哪些数据最有可能给你带来你想要的改变。

每一个需求评估都必须有一个目的。这个目的可能是非常明确的(在这种情况下,规划委员会可以立即着手讨论如何开展需求评估),也可能是有些模糊的。如果你是需求评估规划委员会的成员之一,那么你要知道,最重要的工作是澄清需求评估的使命,使需求评估能够得到充分的关注。如果需求评估的使命不明确,那么请向"上级"提出一些问题。

你可以问以下问题:

- 为什么要在这个时间点开展需求评估?(需求评估背后的

28

驱动力是什么？是否出现了特殊的问题？)

- 需求评估的目的是什么？

- 必须说服谁？需要哪些资料？

- 如何使用需求评估的结果？

- 我们希望通过需求评估实现什么目的？

- 什么时候需要评估报告？（有多紧急？）

当然，之后你可能还会想到其他一些问题，但对这些问题的明确答复将是一个巨大的进步。

你希望用需求评估的数据来实现什么目的，这个问题是无可替代的。模糊的、界定不明确的目的将导致大量不相关的和分散的信息混为一体，而这些信息可能不那么有用，也不值得花费精力去获得它们。

表 2.1 提供了几个含混的、毫无帮助的问题和具体的、有针对性的问题的例子，这些例子有助于指导需求评估工作。

表 2.1　需求评估中含混的问题和具体的问题举例

含混的、毫无帮助的问题	具体的、有针对性的问题
这个社区需要什么？	青少年的父母是否支持由雇佣人员监管的周末青少年俱乐部的发展？
这个社区的居民心理健康吗？	成年公民抑郁（用 CES - D 量表 * 来定义）的比例有多少？
酗酒是这个社区的问题吗？	有多少成年人报告别人抱怨他们饮酒程度？

续　表

含混的、毫无帮助的问题	具体的、有针对性的问题
针对老年人的管理有效吗？	这个城市的大多数老年人是否知道，如果他们觉得自己受到家庭成员的虐待，他们应该找谁？

　*CES－D量表是由美国国家心理健康研究所流行病学研究中心开发的用于测量一般人群抑郁症状的自我报告量表，该量表有 20 个项目(Radloff, 1977)。

　　含混的问题引出的答案是各种各样的，且没有明确说明问题与需要的服务之间的关系。调查对象需要一个背景或参考框架。如果一个问题太具开放性，那么调查对象给出的信息可能就是没用的，尽管知道道路坑洼问题是主要关切的问题(这可能是第一个含混问题引出的问题)是有启发的，但是可能没有很多诸如"大哥哥"(Big Brother)或"大姐姐"(Big Sister)这样的组织或诸如救世军(Salvation Army)这样的慈善组织可以解决这些问题。这告诉我们，要确保你提出的问题与你的需求评估目的相关，并且属于你所在的机构的责任范围。例如，如果你所在的社区组织是最大的为无家可归者提供收容所的机构，那么你所在的社区组织在提出需求评估时，可能需要问问利益相关者："当你想到这个社区中的无家可归者时，你觉得还需要为他们提供哪些目前没有的服务？"

2. 资源

　　一旦确定了需求评估的目的，另一个非常重要的需要考虑的因素是可用于需求评估的资源情况。例如，如果机构主管预留了

29

2.5 万美元,那么你就可以雇一家民意调查公司来进行一次全州范
围的科学民意调查。如果你的预算只有 250 美元,那么这点儿钱
只够为一个或两个焦点小组的参与者买盒饭或者寄出几百份调查
问卷,你甚至可能根本不会去收集新数据,而是与社区中的其他机
构联系,看看他们是否有关于这个问题的信息。

30

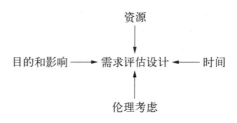

图 2.2　影响需求评估设计的因素

　　当你想到可用资源时,你不应该只想到钱。你可能拥有一个
行政助理团队,他们可以通过打电话或邮寄调查问卷的方式进行
调查,他们也是你的可用资源。有些大型机构可能还有一些有数
据分析或分层随机抽样经验的人。资源可能包括:供焦点小组或
社区会议使用的大型会议室、免费或低成本复印的途径、无限使用
的电话,以及愿意在你需要的时候提供帮助的志愿者和工作人员。
当你在这个“大门”(起点)时,最好先列出需求评估工作所有可用
资源。

　　可用的信息也是一种资源,例如,社会服务机构保留的关于案
主情况的信息。如果这些信息是存在电脑中的,那么就更方便获
取了。还有,各种人口统计信息,例如,家庭地址、收入详情、家庭

中孩子或老人的数量、存在的问题等。那些多年来一直很好地保存服务数据信息的机构,有为需求评估人员提供数据信息的潜力。例如,往前看 3 到 7 年,你可以看到案主的问题是如何随时间的推移而发生变化的。机构的数据资料是一个非常重要且便捷的信息来源。

如果你所在的地区从来没有开展过需求评估,那么一个好的起点就是清点地区已有的社会服务。你可以咨询当地的联合劝募会,看看他们是否已经制作一个社会服务清单。他们没有理由提倡或重复一项已经存在但你不知道的社会服务。这份社会服务清单有两种获取方式:你可以在黄页中查到诸如"社会服务组织""精神健康服务""咨询服务"和"顾问"等标题下的电话目录以及组织和服务清单。然而,请注意,仅仅这样是不够的,因为一个机构(例如,天主教社会服务机构)可能提供一系列服务,但只列出一个主要的电话号码。你也可以从电话目录以及组织和服务清单开始,逐一给每个机构打电话或邮寄问卷,请他们列出他们提供的所有社会服务项目和其他相关细节(地点、营业时间、资格考虑等因素)以及他们知道的其他类似的社会服务项目。

如果你的社区有联合劝募会,那么你最好联系那里的工作人员,了解他们过去赞助或执行过的需求评估项目。也有联合劝募会会在网上发布过去几年的需求评估结果。

3. 时间

时间也是一种资源,因为当有足够的时间来计划和执行事情而不急于完成时,你就可以开展更复杂的需求评估了。当需求评估工作必须在短时间内完成时,你通常不能设计多层次的或复杂的方案。在规划阶段初期,你要回答的问题可能是,你是否会挤时间来负责或开展需求评估? 如果你需要挤时间来做,那么你每周有多少时间?

在考虑需求评估所需的时间时,你始终应该留一个"缓冲区"来处理意外事件。印刷店可能因为工作量大或设备故障而耽搁印制调查问卷的时间。类似地,当电脑系统崩溃或者你在最后一刻才获悉邮局在批量邮寄时,需要你将你提供的地址按邮政编码的顺序排列。这些意外事件可能会耽误你的时间,让你不能在预期的日期完成。总之,你应该预料并考虑到有意外的延迟和障碍。

当你开始列出开展需求评估所需的步骤时,你才有可能看到一些可能会延迟的地方。保守估计开展需求评估所需的时间,然后再将这个数字增加20%到30%,把不可避免要经历的延迟和周折都考虑进来。

当你在这个"大门"(起点)时,重要的是要清楚地了解需求评估所需的时间以及完成数据收集和撰写报告所需的时间。

4. 伦理考虑

在某些情况下,需求评估设计可能会牵涉伦理问题。例如,假设你要为100多位大型工业爆炸后烧伤或受伤的幸存工人设计一个需求评估方案。你可以创建一个只有几个问题的非常简单的调查表。你可能会问这样一些问题:(1)自从在爆炸中受伤以来,有没有哪些东西是你需要但没有获得的？（2）如果你有一根能满足你三个愿望的魔杖，你希望得到什么？（3）哪些功能是你想要恢复到工厂爆炸之前的水平的？

这三个问题的不足之处在于，它们可能会让调查对象产生一种期望，即他们即将收到或应该得到什么以补偿他们的痛苦。这个问题可能会让一些调查对象思考，如果他们能获得一台新的电视、一辆新车或者可以去度假疗养会怎么样，他们会更加快乐吗？然而，这可能不是调查的目的，调查可能只是想要确定那些受伤的工人是否意识到个人和团体咨询服务可以帮助他们康复。沿着这个思路，社区联合劝募会或许应该考虑这样的问题，即是否应该投入一些额外的资源为受伤者提供特殊的工作或就业方面的培训或服务。为了避免给调查对象带来不切实际的期望或虚假的幻想，那些参与爆炸幸存者需求评估的人在编制调查问题时需要非常小心和敏感，以使调查对象正确理解需求评估的目的。事实上，一些需求评估工作小组在开展评估前，先讨论如何在不让调查对象误解或不给调查对象提供虚假信息的情况下开展数据收集，这完全是有可能实现的。

如果你询问敏感的信息，伦理问题也会出现。思考下面这些例子：

- 你正在为一家计划生育机构工作，你想到当地一所高中的某个班级，询问这些青少年在发生性行为时是否采取安全措施，是否知道哪里可以获得安全套。

- 你正在为一家物质滥用治疗门诊机构工作,你想知道有多少公共汽车司机在工作时喝酒。
- 你正在为一家社区精神健康机构工作,你希望了解警察对其家人实施虐待的频率以及他们是否认为自己"压力过大"。

那些可能导致某人失去工作或陷入困境的有关非法行为或行动的信息,总是会引起伦理上的担忧。为了保障人类研究学科的权利,每一所大学(以及接受美国国家资助的医院和其他组织)都必须有一个机构审查委员会(Institutional Review Board),研究人员必须将他们的研究计划提交给机构审查委员会审查。机构审查委员会有权批准开展研究或拒绝该研究计划。如果研究计划有问题,机构审查委员会可以要求研究人员修改数据收集程序,向每位潜在参与者提交一封解释研究的信函,甚至要求提交一份由参与者签署的知情同意的文件。通常,机构审查委员会建议那些服务提供者,不要从案主那里收集资料,这样案主就不会有被胁迫的感觉。也就是说,案主可能会觉得他们必须配合需求评估,才不会影响他们正在接受的服务。

虽然每个机构审查委员会都有相同的职责和使命,但对于学生研究者的研究项目,他们的期望会有所改变。作为一名学生研究者,你可能会觉得你的需求评估并没有使参与者面临风险,但你仍然需要联系你所在学院或大学的机构审查委员会,看看他们是否会建议你向他们提交一份申请,以批准你的研究。机构审查委员会通常会要求学生研究者有一名指导教师或担保人。一般来说,如果你计划将你的研究报告公开展示或准备撰写文章发表在专业期刊上,那么机构审查委员会将要审核你的研究方案。如果你是一家机构的员工或顾问,请与机构的管理人员核实,确定该机构是否有自己的机构审查委员会。如果没有,而你计划收集可能有敏感性或风险性的需求评估数据,那么你需要去所在地的学院或大学提交申请,他们可能愿意审查你的研究方案。

三、创建需求评估团队

至此,你已经承担一项需求评估的工作,你对这项工作的目的、资源,以及项目周期都有很好的理解。当然,你可能还需要一些帮助,你让谁或建议谁来加入你的需求评估团队。你当然应该从你需要的技能或才能的角度考虑,而不是考虑具体的人。一个"梦之队"可能由以下角色组成。然而,需求评估类型和可用资源将再次影响团队的最终组成。 35

- 愿意担任项目召集人或引导者的人。

  团队中的召集人或引导者需要确定会议日期、发送通知、指导讨论、跟踪任务,并保证团队成员专注完成项目。

- 非常熟悉调查程序或调查方法的人。

  如果你的团队决定进行社区或案主人口统计调查来了解知情者或服务提供者的信息,那么这个角色就尤为重要。团队成员应该知道不同类型调查的优缺点(在第三章中讨论),应该能够创建一个随机的取样过程,并且知道怎么设计调查问卷。

- 一个能帮你处理文字材料、复印、装信封，并且知道邮寄流程的行政助手。

  即使你不使用邮寄调查的方法，你可能也需要一个行政助手来打印信件、电话预约联系人或将调查问卷按计划分发给目标案主或消费者。

- 一个了解社区和机构的重要参与者，一个有政治头脑的人。

  这个人的责任是让需求评估免于麻烦。例如，在大型机构中，可能会有一个很有影响力的员工，当你在这个大型机构开展民意调查时，你不能忽视这个很有影响力的人。这个人的工作是确保可能对需求评估感到不满或消极对待需求评估的人都能得到充分的关注，让他们感觉自己被纳入其中。这个人不应是机构或社区的新成员，而应是一名"经验丰富的专业人士"，他清晰的思维和对关键人物的了解将决定谁去解决可能出现的问题。

- 一到两名体力工作者。

  如果你选择电话调查的方法，那么你可能需要帮你打电话的人，帮你将调查结果制成表格的人和帮你开展并记录焦点小组讨论内容的人。

- 能高效撰写需求评估报告的人。

  这个人不必是记者或在专业期刊上发表过文章的人，但应该是机构里撰写机构通讯、新闻稿的人。这个人除了要有良好的语法知识和平易近人的写作风格，还要有撰写执行摘要,并能够根据需求评估小组提供的资料,撰写或编辑一份长篇的评估报告的能力。

在选择团队成员时,你应该遵循以下两条规则。第一,只选择可靠的、负责的人。你肯定不想看到一个不靠谱的团队成员使情况变得更糟,他们在工作时说走就走。如果你不了解的某个人志愿或被推荐担任项目召集人,在接受他并计划对他委以重任之前,先看一下他的推荐信。有些人不太适合担任项目召集人,因为他可能会与其他人或项目推动者争夺领导者的地位,这种争夺是有负面影响的。此外,他还可能会提出审查先前会议已经决定的计划,这会减慢项目开展的速度。团队应该尽量避免选择这种人担任项目召集人。

第二,要记住,团队成员不是越多越好。换句话说,项目团队 有五六个成员可能是最好的。当项目成员更多时,讨论时出现的观点和想法也更多,这可能会延长决策时间。团队太大,可能会拖累整个过程。

虽然作为个人,你完全有能力在没有团队成员的情况下自己开展需求评估,但我们认为,"三个臭皮匠,顶个诸葛亮",我们鼓励研究者把其他人纳入进来,组建一个需求评估小组或工作团队。邀请他人加入团队的第一个好处是,团队成员可以针对你的项目计划给出反馈,帮助改善你的需求评估过程,使其更具有针对性和适当性,并最大限度地提供信息。邀请他人加入团队的第二个好处是,他们可以帮你分担任务。我们将在第六章更详细地讨论"招募"的概念。通常我们建议由"团队"来开展需求评估,而不是你独自行动。即使在资源有限的情况下,你也可以尝试为你的需求评估团队招募一组杰出的专家。这些人可能是社会服务机构的负责人、政治家、神职人员、医生、法官,也可能是大学教师。这些人可以组成工作团队,指导需求评估工作,筹集资金,审查最终的评估报告并支持调查研究结果。当需求评估可能揭示重大问题或敏感性问题时,通常我们建议你有一个杰出的专家小组。面对其他人的质疑,该小组成员的声望可能会保护你的研究结果。

四、需求评估清单

本章包含开展需求评估需要的许多有价值的信息。当你必须开展需求评估时,为了帮助你应用这些信息,我们准备了以下需求评估清单。

38   **需求评估清单**

- 需求评估的目的是明确且易于理解的。
- 有足够的可用资源。
- 有足够的时间开展项目。
- 没有伦理问题或其他问题。
- 目标人群定义明确。
- 需求评估方法。

   (a) 团队成员完全支持需求评估方法。

   (b) 需求评估方法可以提供所需的资料。

（c）需求评估方法足够严谨。

- 在抽样时有人相帮。

- 有人帮你设计调查问卷或标准化量表。

- 有可用的解释和分析数据的专业知识。

- 有人帮你撰写最终的评估报告、执行摘要和公开的调查
结果。

第三章

设计需求评估

第三章将介绍一系列收集需求评估数据的方法,并根据收集数据所需时间、资源和专业知识的多少,从少到多依次总结。例如,财务和人力资源非常有限的社会服务组织可以选择审查现有的和二手的数据(包括机构记录或美国人口普查数据),以确定目标人群。对预算紧张的人来说,确定合适的社会指标来提示可能存在的需求,也许不但是有用的,也是有吸引力的。访谈法(例如,焦点小组)是一种选择,而观察法(例如,观察某一特定群体或机构)则是获取有价值信息的另一种选择。有些人可能希望对其当前或潜在案主或社区居民进行调查。本章将解释这些需求评估方法,并给出这些方法的优缺点。

一、选择正确的设计

如第一章所述,需求评估是社会服务项目生命周期的重要组成部分,它处于项目生命周期的"前端",随后是实施项目和评估项目。需求评估是整个项目评估过程的开始部分。事实上,除了"项

41

目是否按预期进行",项目评估的另一个关键问题应该是:"项目是否为案主提供了他需要的服务?"与项目评估工作类似,需求评估聚焦于特定的人群、案主或社区问题,并不期望提供普适性的科学信息。也就是说,需求评估人员对发现普适的科学原理并不感兴趣。一般来说,调查结果通常只适用于当地机构或社区。

记住一点:没有哪一个设计适用于所有社区或环境。一个正确的设计依赖于影响需求评估的变量、资源,以及研究目的,即规划者希望从研究中获得什么样的信息。社区 A 的需求评估设计难免与社区 B 不同,这是合理的,因为不同社区存在的问题是不一样的,不同社区想了解的内容也不同。设计不是以"千篇一律"的方式产生的,而是经过起草、修订、调整和塑造的过程。没有绝对"正确的"设计,也很少有完全"错误的"设计。最好把需求评估看作在一个连续体上运行,就像项目评估就在一个从最严格到最不严格的连续体上运行一样。

选择正确的设计很重要,因为它指导整体的方法和结构,包括要解决的问题、要收集的数据、数据分析方法,以及最终报告中呈现的数据的结论和对数据的解释。许多设计都可用于需求评估。选择正确的设计有点类似于选择购买新的娱乐设施。首先,你要考虑的因素可能是你计划花多少钱。其次,需求评估研究人员也必须考虑项目预算以及项目可以解决的问题及范围。需求评估项目的预算可能是非常有限的——利用社会工作者每周 4 小时的脱产时间或 500 美元的机构资源来改善机构的工作环境,以便在工

42

作和家庭生活之间实现更健康的平衡。需求评估项目也可能获得了大量资源,对特定地区生活贫困的儿童所面临的健康问题开展需求评估。设计必须考虑资源限制,包括工作人员收集资料(例如,电话访谈或亲自与案主联系)的时间;邮费、电话费或差旅费;工具或量表的版税;撰写报告所需的时间等。这些因素和其他类型的因素影响需求评估项目的总成本和需求评估的设计。

娱乐中心采购员必须考虑是否有必要购买数字化视频光盘(DVD)播放器和环绕声设备,而需求评估人员必须确定项目的哪些部分对于解决主要问题是必不可少的。例如,需求评估人员可能认为,准确了解寄养父母对其子女所需的健康照料的想法的最佳方法是,对该州所有寄养父母开展一次大规模调查。到底是开展大规模调查,还是进行更经济的抽样调查,这取决于项目资源情况。

除了成本问题,娱乐中心采购员和需求评估研究者必须考虑其他因素。例如,娱乐中心采购员可能会考虑购买有保修的设备,而需求评估研究者则会考虑研究和撰写研究报告所需要的时间。通常,在严谨的研究设计中,收集的资料越多,研究就越有说服力。然而,回答需求评估的某些问题可能不需要更严谨的研究设计。

总之,没有万能的或永远正确的设计。正如第二章所述,需求评估设计取决于:(1)需求评估的目的和影响;(2)资源;(3)时

间；(4)伦理考虑。我们往往需要根据项目的具体目标和问题的　　43
性质来选择正确的设计。在规划阶段，考虑这些因素非常重要，先
考虑问题再选择适合的设计很重要。人们不会想先选择一个设
计，再寻找一个问题，这样做无异于本末倒置。

二、确定要解决的具体需求

需求评估的重点是确定特定群体或社区的需求。你的需求评
估设计要与个人或机构的可用资源（时间、金钱、专业知识）相匹
配。需求评估设计也必须能够恰当地回答研究人员想要解决的具
体问题。例如，如果精神健康机构 Z 想了解案主对它们将服务范
围扩大至人类免疫缺陷病毒（human immunodeficiency virus，
HIV，又称艾滋病病毒）阳性患者的态度和意见，就没有必要调查
全州精神健康机构所有案主对这个问题的态度和意见。研究人员
感兴趣的具体问题只与精神健康机构 Z 有关，因此只对该机构的
案主（或许还有治疗者）进行一项有针对性的小规模调查，就足以
提供有价值的信息来满足这一需求了。

需求评估的问题也应该是集中的、有针对性的和非常具体的。
下面是一些与需求评估直接相关的例子。

- 妇女物质滥用治疗机构门诊服务的缺口是什么？
- 困境儿童的哪些需求可以通过当地基督教青年会的课后活
  动来解决？
- 社区精神健康服务提供者需要哪些特殊培训才能为从机构

转介到社区的囚犯提供更好的服务？

44 下面是一些与需求评估没有直接相关的例子。

- 贫困与内城区小学生教育成就之间的关系是什么？
- 儿童保护服务人员职业倦怠的重要预测因素是什么？
- 农村和城市警察在回应家庭暴力报道时是否存在重大差异？

这二组问题与第一组问题的区别在于，第一组是具体的、特定的问题，而第二组是需要通过基础科学研究才能回答的变量之间的关系问题。关键在于，在为你的需求评估项目选择正确的设计时，你必须准确地确定研究应回答的问题，以确保该设计是最佳评估方式。

鉴于你已经充分考虑可用资源和拟回答的问题，你已经准备好为项目选择正确的设计方案。接下来，我们将重点介绍在选择设计时，时间、资源和专业知识方面的选择。

三、焦点小组

《美国传统词典》（*The American Heritage Dictionary*）（2000）将焦点小组定义为："通过公开讨论，从广泛的人群中抽取一个小群体组成样本，调查成员对特定主题或领域的观点或情感反应，通常用于市场研究或政治分析。"

焦点小组经常用于市场研究、政治分析和社会科学研究。焦点小组之所以广受欢迎并被广泛使用，是因为它是一种廉价的收集需求评估资料的方法,所需时间和专业知识都较少(Tipping,1998)。焦点小组是一种灵活收集需求评估信息的工具,因为它允许一群人公开讨论,通常能获得大量信息(Vilela,2007)。 45

　　焦点小组是一种收集需求评估资料的好方法,它鼓励参与者之间的互动,随着观点交换,它可能会产生有价值的建议或提议。焦点小组观点交换的一个例子可能是这样的(R＝回答者)。

　　问题:能谈一下你在这个项目中获得的服务吗?

- R1:我参加了育儿班。
- R2:我也是。我参加了育儿班,我还参加了就业服务培训班。
- R3:我都不知道这里还有就业服务培训班!
- R2:是的,苏老师很好,她帮我设计简历、演练面试、选择合适的面试服装。我得到了我的第一份工作。
- R1:我不知道还提供这些服务——谁是你的指导老师?
- R2:苏珊。
- R3:啊,难怪如此,我听说,她是这里最好的指导老师。我的指导老师很少指导我,她只想让我快点结束。

这个焦点小组的转录文本告诉我们与这个机构提供的服务相关的两个非常重要的事情。首先,两位回答者都表示他们需要就业方面的服务。因此,提高机构就业服务培训班的知名度(也许还有多样性)可能是需求评估获得的一项重要结果。其次,不同指导老师提供的服务似乎有所不同。作为一名机构负责人,这可能是一个非常重要的信息。如果有些人享受到比其他人更好的服务,这可能意味着你的员工需要接受培训,以提供更一致的就业服务指导。

46   这一焦点小组的例子表明,焦点小组的方法不仅让研究者有机会听到参与者对目标问题的看法,而且还让研究者有机会观察参与者之间的讨论和交流,这也可能会获得意想不到但很有价值的信息。

焦点小组通常由 8—12 名参与者组成,他们代表了需求评估小组的目标群体。考虑下面这个例子:销售非处方药注射器会给药剂师带来麻烦,因为这会增加非法药物滥用者滥用注射器的风险。如果需求评估小组有兴趣了解一个城市不同地区药房非处方药注射器购买的问题,则可以随机邀请该城市不同地区药房的药剂师参加焦点小组。请记住一点,当你想要 8—12 名参与者时,也许你应该向 18—20 个人提出邀请,因为参与者可能因为各种原因拒绝参加这个焦点小组。如果这些人都计划参加焦点小组,那么请他们给予答复,然后你可以根据参与者的人数确定分一个组还是两个组。焦点小组参与者具有代表性是非常重要的,因为你希望焦点小组参与者的观点尽可能接近总体的情况。例如,如果需求评估小组想要了解药剂师对非处方药注射器购买的看法,而你只邀请中上阶层地区的药剂师参加,那么你的样本可能是有偏差的。与存在严重的药物滥用问题,并且经常被骗的药剂师相比,中上阶层地区的药剂师可能对购买非处方药注射器有非常不同的看法。如果时间和资源允许,你可以选择多个焦点小组,这会让你获得尽可能多的看法。

选择焦点小组参与者时,你应考虑的其他因素还包括,样本的人口特征是否能代表总体的情况。例如,你的焦点小组里是否有代表某个少数民族的参与者?你可能需要招募更多能代表不同民族的人,以确保你的焦点小组可以充分代表你的目标人群。年龄是另一个需要考虑的因素。你是想了解全部年龄群体,还是只想针对某一个年龄段的人群(例如,你是想调查 50 岁以上的人还是想调查 22 岁至 25 岁之间的人)。其他考虑因素可能包括专业背景或与特定人群或特定机构打交道的工作经验。这些问题都说明识别目标群体重要特征的重要性,这些特征是你想让你的焦点小组参与者所能代表的。

在决定探讨收费、任务、问题,并探讨焦点小组的规模和拟邀请的参与者之后,你还需要明确拟提出的具体的开放性问题。焦点小组讨论的问题需要以开放的方式构建,以便参与者展开深入讨论。好的焦点小组问题如下:

- 你如何描述这个机构提供的最有效的服务项目?
- 该机构缺少什么服务或项目?
- 如果你是机构主管,你将如何提升机构?

这些问题应该引发关于需求评估的有益讨论。

焦点小组中不应使用的问题如下:

- 你喜欢这个机构提供的项目吗?
- 你花多少时间做项目作业?

- 你和你的指导老师关系好吗？

这些问题不允许参与者详细阐述或讨论该主题，可能不会为需求评估研究者提供足够的信息。在设计焦点小组问题时，请你避免使用可以用"是"或"否"回答的问题。我建议，为一个时长为1小时的焦点小组准备大约 8—10 个问题。还有人建议在已有问题的最后加一个问题："还有哪些问题我们没问到？"这可以让那些被已有问题激发的参与者回答，同时这也是一个结束焦点小组访谈的好方式。

一旦确定问题，下一步就是要决定焦点小组的地点。焦点小组应选择一个对所有参加者来说都很方便的地点，即使是残障人士也能轻松找到，它拥有足够大的、舒适的空间，还有安静的保密的区域。此外，所选的场地应能容纳所有参加者，还要有足够的免费停车位。这样做的目的是让参与者尽可能轻松地前往焦点小组的地点。如果资金允许，你可能还要考虑为参与者提供小额金钱奖励或差旅费补贴。如果可能的话，你也要准备点儿点心，因为它可以让参与者在小组讨论开始前放松下来。

需求评估小组应在小组讨论之前花一些时间与焦点小组协调员在一起，以确保他理解焦点小组的每一个问题和整个讨论的目标。还可以跟焦点小组协调员重申一下焦点小组讨论的基本规则，包括：尊重他人的意见，一次只能一个人发言，鼓励每个人有话直说，答案没有正确或错误之分。此外，你还要关注与保密有关的安全问题。富有成效的、信息丰富的焦点小组，通常需要小组协调员让参与者关注任务主题、营造自由回答的氛围,并且在提问题时不能诱导或暗示参与者。为了获取尽可能多的信息,我们建议你现场录音,并在小组讨论完成之后把录音转录为笔记。如果录音会打扰到参与者,或者让参与者感到不舒服,那么我建议除小组协调员外,至少还要有一到两名研究助理记录参与者的回答。如果现场做了笔记,我也建议你在小组讨论结束后尽快将内容转录,因为这时讨论的内容在研究助理的记忆中还是清晰的。

　　焦点小组的最后一步是分析调查结果并撰写报告。第四章将讨论分析定性资料(例如,焦点小组记录)的更多内容。在分析调查结果并撰写报告时,首先要考虑的一点是,不要忽视需求评估的问题。由于焦点小组的讨论可能会出现主要问题和次要主题,有时可能会出现与需求评估的总体目标无直接关系但有趣的发现,这可能会分散你的注意力。请记住,我们的目标是用焦点小组的资料来分析问题,以便让机构或社区了解需求评估的情况并给予回应。

四、社区论坛

　　由于焦点小组可以获得丰富的和有价值的资料,受此启发,需求评估小组可能想尝试另一种类似的方法,即邀请社区成员参加社区论坛。社区论坛是一个社区成员表达他们喜好或提出他们要求的公开会议或听证会。这可能是一种非常廉价和高效地收集资料的方法,但需要评估人员注意,社区论坛有时可能会沦为用于表达对当前体系或流程不满或投诉的论坛。一小部分人可能在论坛

49

中占主导地位,迫使机构处于防御状态。在这种情况下,论坛可能是吵吵闹闹、争论不休的。在大多数情况下,社会工作者通常认为,那些对特定问题有宝贵见解的案主很少参加此类论坛。与焦点小组相比,社区论坛的控制要少得多。尽管如此,如果需求评估小组能够提升社区居民对社区论坛的兴趣,并且能邀请到好的社区代表,那么社区论坛这种需求评估方式可能会让你获得一些有价值的信息。然而,这种方法的缺点是,那些参加社区论坛并发表意见的人,可能无法代表社区里的其他居民。

50

表 3.1 焦点小组和社区论坛的优缺点

优点:
- 两者都可以在短时间内低成本地收集大量资料。
- 有机会一次性获得许多案主的观点。
- 对案主的风险或伤害极小。
- 研究小组只需要极少的专业知识。

缺点:
- 焦点小组或社区论坛中表达的观点可能并不代表整个调查对象群体。
- 回答可能受主要发言人的回应限制。
- 根据标准选择参与者,而不是随机抽取参与者。

五、非介入的数据收集方法

在使用非介入的数据收集方法时,需求评估设计是廉价的,需要很少的时间和有限的专业知识。非介入的数据收集方法是不需要与人类参与者直接互动的资料收集方法(Berg, 1998)。社会科学研究人员对非介入的数据收集方法的兴趣在于,这种方法允许研究人员在其不在场的情况下，获取不同领域和环境的信息。社会科学研究中使用非介入的数据收集方法的例子包括：公共数据（自杀人数、接受学校提供的免费午餐的儿童人数、酒后驾车被捕人数和经证实的虐待儿童案件的数量）、自传、期刊和日记等私人档案（Berg，1998）。

与社会科学研究人员类似，需求评估研究者也可以使用非介入的数据收集方法收集重要且有意义的资料。例如，根据现有机构的资料信息计算接受治疗的案主的比率（Royse，2004）。在非介入的数据收集方法中，需求评估研究者将从管理信息系统（management information system）、季度报告或案主记录中了解案主的概况。然后将获得的数据与更大范围的人口信息进行比较。这种类型的比较可以揭示哪些群体拥有过多的服务，哪些群体根本没有得到充分的服务，也许还可以找出该机构目前可能无法解决的具体问题。例如，在调取案主记录时，缺失的案主记录可能是由于案主晚上没有时间、没人照顾孩子或交通不便造成的。如果大量的案主因这些问题而流失，那么该机构有可能会重新分配资源，避免记录缺失。

机构记录的数据还可以提供趋势的信息，例如，表明社区中某类问题越来越严重。例如，如果需求评估小组在检查机构近三年的数据时发现，孕妇群体中抑郁症发生率在过去两年有所增加，那么机构就可以着手解决这个问题。然而，这一发现可能意味着孕妇群体的抑郁症发生率确实有所增加，也可能意味着该机构对孕

51

妇群体的情况比较了解,更了解她们的精神健康状况。无论这一发现意味什么,这些趋势都是讨论的基础,并且值得进一步调查。

1. 收集二手数据

收集机构的数据是一种利用非介入的数据收集方法收集二手数据的例子。根据定义,二手数据分析就是对现有数据集进行分析,通过分析获得知识、解释和结论。有一系列二手数据的来源,从机构记录(例如,具有双重诊断的案主数量)到市政警察数据,从地方记录(地方巡回法院酒驾案件数量)到州记录(州公路上致命事故发生的数量)和国家记录(全国人口普查数据)。二手数据来源有很多(例如,辍学者数量、肺结核病例数量、性传播疾病情况等),这些数据往往是公开的(当然,这些数据不会透露个人的身份信息)。这些二手数据通常是免费的,即使收费也只是象征性的。对那些希望开展社区需求评估的人来说,利用机构或当局的已有资源,往往是一个非常明智的举措。

52 　　虽然从机构记录档案中收集数据是记录某一特定群体需求的好方法,但分析州和/或国家的数据库是另一种很好的收集二手数据的方法。举个例子,地方大学的一名研究人员获得一笔小额资金,用于调查当地艾滋病病毒阳性患者的治疗需求。在需求评估的规划阶段,研究人员决定,与全国性的调查相比,了解当地居民艾滋病病毒阳性的详细情况非常重要。换句话说,研究者想要了解当地男性与女性、不同种族人群、老年人与年轻人艾滋病病毒阳性的状况和趋势。此外,研究者还想了解当地常见的艾滋病病毒传播途径(包括异性接触、同性接触和注射毒品)的详细情况。

研究者需求评估的第一步是从当地疾病控制中心艾滋病监测报告中获取二手数据。艾滋病监测报告包括由当地统计部门提供的有关艾滋病的详细信息,除了包括发病率(当地新报告的艾滋病病例)外,还包括按年龄组分组的接触艾滋病病毒的途径、不同性别的比较、不同种族的比较和流行程度(现有病例)的数据。这些资料为研究人员提供了当地有关艾滋病病例情况的重要信息,有助于研究人员走出需求评估的第一步(更多有关分析二手数据的信息,详见第四章)。

2. 网络收集

过去几年,互联网越来越流行,并在个人和专业用途中得到广泛应用。互联网是另一个获取有价值的二手数据信息的非介入的数据收集方法的例子。大多数私人和公共机构都联网,这使网络收集成为一种简单、便捷的数据收集方法。通过检索地方和国家的互联网资源,你可以获得你需要的需求评估的二手数据信息。

3. 地理信息系统和需求评估

绘图法也是一种有用的非介入的数据收集方法。地理信息系统(geographic information system)及相关绘图软件的迅速发展为需求评估提供有价值的视角。在需求评估中,有两种使用地理信息系统数据的方式。第一,需求评估研究者可以利用地理信息系统数据绘制案主居住地的地图。需求评估研究者可以绘制一个能展现城市或社区不同区域因年龄、地理位置、收入水平或种族/民族而导致服务方面差异的地图。使用机构的数据(例如,邮政编码),可以绘制案主居住地地图,看看哪个地区案主密度大。你还可以使用其他来源的数据(例如,人口普查数据)绘制叠加图,以便需求评估研究人员可以确定社区中是否有少数案主居住的地区。如果有的话,这可能意味着机构要开展宣传活动,让生活在这部分地区的居民了解机构现有的服务。此外,绘图法也可能表明该机构需要建立一个分支机构或卫星办公室,以接触到那些少数案主。机构的数据也可以用来定位那些在项目中结果最差的案主,或者识别该地区哪些案主需要转介服务。

第二,地理信息系统为需求评估小组绘制现有社会服务资源地图提供了支持。在一个地图上标出社区服务清单可以让研究者清楚看出,社区中哪个区域缺少社区服务,哪些公共设施(例如,医院、收容所)离公共交通较远。地理信息系统也可用于估算距离和开车时间。有关地理信息系统地图的更多信息,见希利尔的文章(Hillier, 2007)。

4. 非介入数据收集或二手数据源的优缺点

虽然从各种来源(包括地方、州、国家、互联网、地理信息系统)收集的二手数据可以为需求评估项目提供有价值的数据,但这些方法存在很多局限。因为需求评估项目依赖数据,所以需求评估项目研究人员必须清醒地认识到数据来源的重要性。例如,如果需求评估项目团队对州内儿童福利系统中吸毒儿童数量的估计值感兴趣,那么他们就应该认识到,不应该只依赖一个机构的数据。此外,从某些数据库直接获取可用格式的数据可能很困难。存在的问题可能包括缺少某些关键变量,而这些关键变量将提供项目所需的关键信息(例如,街道、街区或国家的标识符),因此你需要特定的软件包来分析这些数据。一些机构可能会雇一些程序员来创建数据库,这导致数据库不通用,使下载或访问这些数据库遇到困难。也就是说,需求评估人员可能只能找到报告或数据的纸质本。因为二手数据不是由需求评估团队收集的,并且收集这些数据可能是出于不同的愿景或目的,所以使用二手数据的需求评估团队必须始终意识到使用二手数据的局限性。尽管如此,使用已有数据库仍然有好处。

对需求评估团队来说,非介入的数据收集方法在时间、资源和专业知识方面有一些优点,然而也有一些缺点。表 3.2 列出了使用非介入的数据收集方法的优点和缺点。

表 3.2　非介入的数据收集方法的优点和缺点

非介入的数据收集方法的优点:
- 数据是现成的,节省了大量的时间和精力。
- 任何与数据收集相关的偏差都是已知的。
- 对案主没有风险或伤害,特别是案主不知道这是他的数据的时候。
- 可以检查社会问题随时间发生的变化。
- 便宜。

非介入的数据收集方法的缺点:
- 由于数据丢失或文件损害,你可能无法获得你感兴趣的数据。
- 数据收集方法随时间而改变。
- 数据收集者收集数据的方式不一。
- 由于报告滞后,可能缺少最近的数据信息。
- 软件、数据库不兼容,获取不便。
- 数据来源(例如,互联网)可能不可靠。

六、调查法

到目前为止,我们已经讨论设计需求评估的一些方法,这些方法可以让需求评估研究者在有限的时间、金钱和专业知识的情况下完成某一特定项目。然而,如果需求评估研究者有更多的时间、金钱和专业知识,他还可以使用其他的方法。例如,调查法可能是最受需求评估研究者欢迎的一种需求评估方法。一般来说,调查法是一种简要了解某一特定群体的态度、信念或行为的方法。调查法是社会工作者开展需求评估的宝贵工具,因为它给社会工作者提供了发现社区内部或案主群体特殊需求的最佳机会。调查法不但可以提供目标对象对服务的可用性和可及性的了解或看法等信息,还可以发现目标对象未得到满足的需求与机构提供的服务之间的差距。调查法可以简单,也可以复杂。简单如需求评估小组自己设计的"土"调查法,中等如使用已经得到验证的调查法,复杂如使用严格挑选的样本,获得结果可以推测总体情况的调查法。同样,你选择何种调查,是小规模、有针对性的调查,还是大规模调查,在很大程度上取决于资源的可用性和项目的范围。

在讨论使用哪种调查方法之前,回顾一下与收集调查数据有关的关键术语可能是有帮助的。

- 普遍性——调查结果在多大程度上能代表更大群体,主要受抽样方法的影响
- 总体——调查结果期望代表的人群的全体

- 样本框——从总体中选择的组或子集,从中随机选择目标样本
- 样本——从总体中抽取的组或子集
- 抽样方法——从总体抽取样本的方式
- 抽样偏差——由于抽样方法导致样本不能代表其要代表的总体的情况

让我们看两个具体的例子。

例子1:

得克萨斯州达拉斯一家零售公司为了了解感恩节期间最受欢迎的礼物,对假日期间的购物者开展了一项调查。这家零售公司向达拉斯的一家购物中心派出了一名数据收集员。这名数据收集员站在一家最受欢迎的流行音乐商店的前面一整天,调查那些走进该商店的人。当一天结束时,这个数据收集员预计将收集50份调查问卷数据。

例子2:

得克萨斯州达拉斯一家零售公司为了了解感恩节期间最受欢迎的礼物,对假日期间的购物者开展的一项调查。这家零售公司向50个州的50家购物中心派出了50名数据收集员。这些数据收集员早上6点购物中心开门时到达购物中心,每30分钟更换一次位置,以接触商场不同区域的人。当一天结束时,每个数据收集员预计将收集100份调查问卷数据,在美国全国范围内一共收集5 000份调查问卷数据。

在上两个例子中,你可以看到,当调查完成时,抽样方法对调查结果的解释有很大的影响。在例子 1 中,数据很可能只描述了假日期间得克萨斯州达拉斯一家购物中心最受欢迎的音乐商店的购物者选择礼物的情况。我们可能会期望这些购物者更年轻一些,这样的话,他们除了选购音乐产品,还会对电子游戏和小型电子产品感兴趣。在例子 2 中,样本更大,涵盖的购物者也更广,更能代表感恩节期间美国普通购物者选择礼物的情况。此外,由于数据收集员要前往购物中心的不同区域,他们可能会遇到对不同类型的礼物感兴趣的购物者,这增加了调查结果的普遍性。

此外,上述两种取样方法所需的资金和时间有很大差异(见表 3.3)。

表 3.3　假设的需求评估预算

例子 1		例子 2	
数据收集员 1 天工资	500 美元	50 位数据收集员一天工资	25 000 美元
本地交通费	25 美元	跨州交通费	10 000 美元
数据录入与分析	100 美元	5 000 个样本的数据录入与分析	10 000 美元
总　　计	625 美元		45 000 美元

如你所见,需求评估项目所需资源是你首先要考虑的因素。需求评估小组必须根据可获得的资源数量和可用于项目的工作人

员时间来权衡可获得的信息量。下面将讨论小规模目标人群调查和大规模调查。

七、小规模目标人群调查

小规模目标人群调查通常只调查一小组人,需求评估团队很容易找到他们。虽然他们可能是目标人群的代表,但是对于小样本来说,没有什么好办法来了解他们与总体的相似程度。小样本通常也是便利样本。便利样本就是研究者可以快速、轻松获取的样本,通常是一个现有的群体(例如,本地大学社会工作研究班的学生)。

小规模目标人群调查收集的是较大群体或社区中一个小群体的信息,并没想用这些信息来代表较大的群体或社区(Hampton & Vilela,2007)。小规模目标人群调查可能存在的一个限制是,你可能需要收集几轮数据(例如,几个小样本),以便更好地了解总体的情况。小规模目标人群调查的目标是,在没有时间和严格抽样限制的情况下用得到的结果反映总体的情况(Hampton & Vilela,2007)。例如,假设你想知道你所在地区有参加减肥训练计划意愿的人口占比。如果你让一个拥有 2.5 万人口的地区的每个居民都填一份调查问卷,那将是一项非常艰巨的任务。相反,你可以选择在超市附近调查一个只有 50 个人的小样本,了解他们参加减肥训练计划的意愿,以及他们认识的人中有参加减肥训练计划意愿的人数。

59

　　小规模目标人群调查不只用于调查消费者，也用于调查组织和治疗提供者。例如，一位获得一笔小额资金资助的社会工作领域的教授，想要调查精神疾病和药物滥用障碍共病的情况，然后在实证证据的基础上，为精神健康从业者设计并开发一个训练课程。为了完成这项调查研究，这位教授需要知道，哪些精神健康机构为精神疾病和药物滥用障碍共病的患者提供治疗服务、这些机构当前开展循证治疗的情况、正在使用的干预措施，以及这些机构是否愿意参与他的这项研究。她决定开展一次需求评估来回答这些问题，并对她所在地区的精神健康机构主任进行一次简短的调查。她设计了一些问题来了解精神健康机构提供服务的类型，还用一个标准化量表来了解这些精神健康机构接受和采取循证治疗实践的意愿。通过这两种方法，她随机选取 30 名精神健康机构主任，组成一个小规模的、有代表性的样本，通过这个小规模样本，她能为她的研究项目收集一些非常重要且有意义的信息。

　　小规模目标人群调查也可用于调查知情人，他们很可能因其职位的关系了解社区的需求。这些知情人可能是治疗服务的提供者、医生、社会工作者、神职人员、律师和法官等。一项研究通过调查知情人来了解阿巴拉契亚山脉一小部分地区处方药的使用率（Staton-Tindall，Havens，Leukefeld，& Burnette，2007）。调查对象包括身体健康、心理健康、教育、执法机构，以及社区商业领域的知情人。研究结果表明，处方药使用是该地区的一个主要问题，在获得药物和接受治疗的机会方面，该地区也存在很大差异，这取决于知情人的回答。

八、大规模调查

在时间、资源和专业知识有限的情况下，小规模目标人群调查是获取信息的有用工具。然而，如果需求评估小组有更多的时间、资源和专业知识，如果问题需要更大规模的调查，那么大规模调查将是一种更严格、科学、有效的资料获取方法。大规模调查和小规模目标人群调查之间的主要区别在于，大规模调查有更详细的抽样计划，用于收集数据的资源也更多。随机抽样是一种从大规模群体或人群随机选择调查参与者的抽样方法。随机抽样的定义是：每个研究对象被抽取的机会都相等。与方便样本相比，随机样本的一个主要优势是，增加了研究结果推广的可能性。

有许多网络资源可以帮助你确定样本情况，例如，为了使样本 61
具有代表性，需要一定数量的样本，才可以代表目标人群。你可以利用关键词（例如，sample size calculator 或样本量计算器）在网上搜索。这些网络资源可以帮你确定你所需的样本数量，它们帮你考虑了误差范围（你可以容忍的误差量）和置信区间（你可以容忍的不确定性）。

表 3.4 给出一些大规模调查大学生情况的抽样策略的定义和实例，有助于你更好地了解加强校园健康和精神健康服务所需的资源。

表 3.4 需求评估项目的抽样策略

抽样策略	定　义	实　例
简单随机抽样	每个研究对象被抽取的机会都相等	从全部大学新生中随机抽取1 000名学生
系统抽样	依据一定的抽样间隔,随机确定起点,每隔一定的间隔抽取一个样本的抽样方法	目标样本为100名学生,可以每隔10个学生抽取一个学生样本,可以随机确定起点
分层随机抽样	先按照一定的标准将总体分为若干样本框,根据各样本框在总体中所占比例,确定每个样本框抽取的样本数量,然后,随机从各层中抽取样本	分别为不同性别的学生创建样本框,其中,男性学生样本占65%,女性学生样本占45%,这个比例代表了整个大学生群体男女比例,然后,随机从样本框选择样本
整群抽样	将总体分为若干互不重叠的集群,然后,以群为单位进行抽样,群体中的每个人都有被抽中的机会	以州为单位,将东南地区大学校园分成若干集群,随机抽取一些集群,对该集群所有大学生进行调查

　　如你所见,抽样的方法有很多,这些抽样方法都可以为你提供需求评估项目所需的科学的、严谨的调查样本。你需要考虑的因素还是你可用的资源和项目的范围。此外,大规模调查还要考虑的因素是专业知识水平。确保抽样方法可以让你获得有代表性的、有效的和可靠的样本,是一项重要的工作。你需要大量的规划、时间和资源。因为样本量可能很大,数据录入、数据分析和解

释研究结果更耗费人力。最终,你的研究成果不仅能为你的需求
评估项目提供有价值的信息,而且还有可能发表在专业期刊上或
在学术会议上报告。

九、调查形式

尽管选择合适的抽样方法是调查取得成功的关键,调查形式
也很重要。调查形式主要包括:

- 邮寄调查
- 电子邮件调查或网络调查
- 电话调查
- 个人访谈

每种调查形式都有其独特的优点和缺点,其中许多优点和缺
点都与时间、资源和专业知识有关。表 3.5 举例说明了每种调查
形式可能需要的时间、资源和专业知识。

表 3.5　需求评估调查形式的要求

调查形式	时　间	资　源	专业知识
邮寄调查	所需时间少	资源需求低	需要中等水平的专业知识(数据分析和设计调查问卷)
电子邮件调查或网络调查	所需时间中等(需要设计调查问卷)	资源需求中(需要数据管理人员)	需要中等水平的专业知识(数据分析和设计调查问卷)

续　表

调查形式	时　　间	资　　　源	专业知识
电话调查	所需时间中等（需要打电话，培训电话调查员）	资源需求中到高（需要一定数量的电话调查员）	需要中等水平的专业知识（数据分析和设计调查问卷）
个人访谈	所需时间多（主要用于安排访谈和开展访谈）	资源需求高（需要一定数量的调查员、需要出差、需要投入时间）	需要高水平的专业知识（员工培训、收集数据和分析数据）

资料来源：Simons-Morton, Greene, & Gottlieb, 1995

　　邮寄调查所需的时间、资源和专业知识最少，这是它的优点。此外，它还有一个额外的优点，即一次可以收集大量数据。然而，邮寄调查的缺点是无法控制问卷回收率。如果回收率很低，就会导致抽样偏差的潜在问题。电子邮件调查或网络调查和电话调查在设计调查问卷时需要花费更多的时间。当然，电话调查是非常耗费人力的。尽管电话调查可以直接打电话给调查对象，但由于有电话应答器等设备，调查回收率可能也是一个潜在问题。与前三种方法相比，个人访谈是对调查对象复杂、深度的询问，但所需时间较多。调查者要花时间安排访谈和开展访谈，还要花时间收集数据、录入数据和分析数据。哪种调查形式最好？这要看你要回答的问题和可用的资源了。

十、设计有效的问题

　　要为你的调查设计一些有效的问题，你必须考虑的是：你打

算收集哪些资料？请你想一下，你可以回想一下本章开头的部分，　64
即确定要解决的具体问题。更确切地说，你必须考虑你需要哪些
资料。一旦你对项目所需时间、可用的资源和专业知识有了大量
思考并且选好了调查方法，下一步你就要设计问题了。你可以选
择使用开放式问题和封闭式问题。开放式问题允许调查对象思考
并在没有预先设定答案的情况下作出回应。开放式问题的一个例
子是："机构招聘面试时，最常提到的服务技能是什么？"尽管开放
式问题通常允许参与者自由回答，但这给录入数据和分析数据造
成困难（我们将在第四章讨论质性资料的编码）。虽然有预设答案
选项（例如，"同意"或"不同意"）的封闭式问题生成资料数量有限，
但录入数据和分析数据更容易。下面是一个有明确答案选项的封
闭式问题的例子。

我发现这家机构提供的服务可以满足我的治疗需求。

1. 强烈反对

2. 不同意

3. 中立

4. 同意

5. 强烈同意

使用开放式问题还是封闭式问题，可能受需求评估团队计划
使用哪种调查形式的影响。例如，在邮寄调查中，调查对象可以在
查看全部选项后再作出选择。然而，在电话调查中，受访者作出决
定时，可能已经忘记前面的问题和选项了。想一下前面那个封闭

65 问题的例子,你觉得电话那头的调查对象能记住问题和五个选项吗?

此外,在邮寄调查中,如果调查对象遇到难回答的问题,他可以选择回答完其他问题后再回头回答这个问题,而在电话调查中,调查是以口头方式进行的,所以调查对象不太可能重新回答前面的问题。电子邮件调查或网络调查还要考虑调查问卷是否可以访问。与电话调查或个人访谈相比,如果电子邮件调查或网络调查的调查对象不理解问题,也没有机会询问,这会增加他们随便选一个答案或选择不回答的可能,也会让你的数据资料不完整。

在设计问题时,不管你使用哪种调查形式,都应该考虑调查对象受教育程度、社会经济地位,甚至性别可能产生的差异。例如,受教育程度较低的人对书面调查的回答可能与受教育程度较高的人不一样。与母语回答者相比,不以母语回答问题的人在回答敏感问题时往往更犹豫。此外,如果你想要调查外国人,你必须把调查问题翻译成他使用的语言,然后再回译,并确保翻译的准确性。在为你的需求评估设计问题时,你必须始终考虑问题类型、预期的调查形式和调查目标。如果你的调查对象包括少数民族,那么你最好在制定研究计划时让不同民族的人参与进来,或者至少请他们帮你审查一下问卷。最后,你要测试你的研究工具,以确保它们具有文化敏感性,并且不含任何民族偏见。

在设计调查问题时,你需要避免许多"陷阱"。表 3.6 总结了在设计调查问题时常见的一些会破坏调查资料有用性的错误。

表 3.6　设计调查问题时的常见错误

问　题	示　例	解　决　方　案
双重问题	在过去 30 天里,你是否经常锻炼或经常吃比萨?	提两个问题: 1) 在过去 30 天,你是否经常锻炼? 2) 在过去 30 天,你是否经常吃比萨?
主要问题	你不支持最近出台的禁止在公共餐馆吸烟的禁令吗?	最近出台的禁止在公共餐馆吸烟的禁令,你支持的程度? 0——完全不支持 1——有一点儿支持 2——很支持
不可用信息	在 1992 年的总统选举中,该机构有多少案主注册为无党派人士?	这个机构有多少案主参与票权?
使用技术术语	该机构是否会受益于循证实践的强化培训?	该机构使用的哪些治疗方法获得研究的支持?
语言不敏感	你们右翼分子对同性婚姻有何看法?	你对同性婚姻有何看法?
使用煽动性术语	你是一个"酗酒者"吗?	一般来说,你一周喝多少酒?
非互斥选择	每周有多少案主重新安排他们的预约时间? (1) 1—10 (2) 10—20 (3) 几乎全部	一个星期有多少案主重新安排他们的约谈? (1) 1—10 (2) 11—20 (3) 20 以上

续　表

问　题	示　例	解　决　方　案
用词模糊	你生活中看过多少次病？	在过去一年里,你看过多少次病？
全包式问题	你总是吃早餐吗？	平均来说,你一个星期有几天吃早餐？ (1) 1—3 (2) 4—5 (3) 6—7
否定性提问	你是否认为不去教堂是错误的？	去教堂对你重要吗？ (1) 完全不重要 (2) 有点儿重要 (3) 相当重要 (4) 极其重要

67　　　为需求评估设计有效的问题是一个重要的过程。你最应该考虑的是：想收集什么数据？打算用什么调查形式去收集数据？之后就到了最富有创造性和趣味性的部分,那就是设计有效的问题。事实上,需求评估团队可能希望机构的利益相关者或人员参与进来,在分发调查问卷之前检验一下问卷,以获得更多反馈意见。需求评估团队可能还希望做个预测试,以确保所有问题都是有意义的,前面提到的"陷阱"已经成功避免了,并且回答的选项也是明确的。

十一、评估标准化工具

除了自行编制需求评估问卷以外,你也可以使用已有的标准化工具。这些标准化工具可能会节省你的时间,因为自行编制调查问卷可能非常耗时。此外,如果这个工具或量表之前使用过,那么就有可能已经获得如信度和效度这类重要的心理测量信息,以及可与你的样本进行比较的数据。

信度指的是工具的可靠性。当重复使用这个工具时,在条件相同的情况下,它能始终如一地得到类似的结果。换句话说,如果需求评估研究者再次使用这个工具开展调查的话,一个可靠的工具会增加获得同样结果的可能性。信度的一个例子是,让两位独立的研究人员使用标准化的代码表从机构文件中收集需求评估数据。如果一位研究人员在机构文件中统计出 64 位转介案主,而另一位研究人员从同一文件中只统计出 32 位转介案主,那么这个数据收集过程的信度就不是很高。通常,我们用一个分值(例如,克龙巴赫系数)来解释信度。一般认为,一个标准化工具,克龙巴赫系数至少在 75%—80% 之间(Royse,2008)。

另外,需要单独说明的是,对于标准化工具来说,效度指标也很重要。工具效度是一个评估你的需求评估调查工具是否测量了你打算测量的内容的指标。以上面的例子为例,假设一位研究人员从一个互联网网站上随便挑选了一份标准化量表,她认为这是一项测量在诊所接受治疗的孩子的父母饮酒情况的量表(父母饮酒情况调查)。她将这项调查纳入了摄入量评估中。当她开始分析数据时,她发现数据结果与她的预期不符。她进一步查找其他使用该量表的研究文献,结果发现,该量表原是给成年人填写的,

68

请成年人回忆他们童年时父母的饮酒情况,并不适用于儿童和青少年。由于该量表与其研究目的不符,因此不能提供案主监护人饮酒频率的有效数据。

　　使用标准化工具的一个优势是,通常,你可以在使用该标准化工具的研究报告中发现该工具的信度和效度。如果你不使用标准化工具,你就要自己去验证信度和效度,否则你的研究工具就不具备信度和效度。因此,在调查规划阶段中,如果你可以找到与你的研究项目有关的标准化工具,请考虑使用标准化工具。附录给出一个名为"项目培训需求调查"的标准化工具(Rowan-Szal,Greener,Joe,& Simpson,2007)。请注意,该工具受版权保护,应在得克萨斯基督教大学作者许可的情况下使用。表 3.7给出评估标准化工具时要考虑的一些问题。

69

表 3.7　评估标准化工具

实用性
　　该工具是否:
● 是你可以负担得起的? 你是否有该工具的版权,是否需要购买?
● 是否可获得? 在没有版权问题的情况下,是否容易获得?
● 需求评估的调查对象是否容易理解?
● 通过电话或亲自调查是否容易执行?
● 评分或解释是否容易?
● 是否适合研究时间有限的研究?
心理计量学
　　该工具是否:
● 非常可靠(每次使用时产生类似的结果)?
● 对检测改进的增量敏感?
● 有效(测量其旨在测量的内容的程度)?

续　表

适合于项目
　　该工具是否：
- 有能力提供数据来回答需求评估问题吗？
- 符合项目的总体工作范围吗？
- 提供对最终报告有意义的数据？

十二、方法论局限性

本章介绍的几种需求评估方法都各有优缺点，前已述及。因此，需要在研究设计的背景下谨慎解释需求评估结果。需求评估团队可能犯的一个错误是，过分泛化研究结果，即将研究结果推广到实际研究范围之外。有关过分泛化的潜在缺陷，我们将在第五章详细介绍。

十三、小结

本章概述了在设计需求评估时可能遇到的基本问题。设计需求评估时，你必须考虑可用的资源和要解决的问题。需求评估小组必须意识到，最终获得的结果在科学严谨性上可能更高或更低。换句话说，如果你投入更多的时间、资源和专业知识，那么你的研究设计可能就更严谨，获得的结果被质疑或遭反对的可能性就更小。表 3.8 简要概括了可用于不同需求评估项目的设计，选择哪个设计，取决于可用的资源和要解决的问题范围。

70

表 3.8 需求评估设计

	时　间	资　源	专业知识	可采取的设计	
资源	6 个月至 1 年（甚至更长）时间完成	财政支持：超过 1 500 美元的拨款或资金	专家：有经验的研究人员和/或评估人员	● 概率调查 ● 个人访谈	严谨
	3—6 个月完成	财政支持：500 美元至 1 500 美元的小额拨款或资金	一般研究者：有研究评估经验的工作人员	● 小规模目标人群调查	
	少于 3 个月完成	财政支持：500 美元或更少	不太专业者：机构工作人员或学生，他们只有有限的研究经验或统计学知识	● 焦点小组 ● 社区论坛 ● 非介入的数据收集方法	

　　* 注：当你有大额拨款（例如，2 万美元及以上）时，你可与专业的民意调查机构签订合同，由他们来完成需求评估项目。这对于需求评估团队来说可能是一个非常好的事，因为通过与专业机构合作，既可以获得可靠的数据，又不用花精力收集数据了。

　　在选择了需求评估设计之后，需求评估研究者必须考虑的下一个问题是数据分析方法。这将是第四章的重点。

分析需求评估数据

　　一旦收集了需求评估数据，你就要确定数据模式和主题，解释并传播调查结果。本章将讨论使用单变量和双变量获得的定量数据的分析方法。本章也讨论使用焦点小组或使用开放式问题的问卷调查获得的定性资料的分析方法。

　　本章主要包括：

- 定量数据分析，包括数据编辑和检验、频率、单变量分析，以及对两个变量关系的检验。
- 定性资料分析，包括理解和解释数据主题和模式并得出结论。
- 需求评估项目中定量和定性数据实例。

一、定量数据分析

　　定量数据分析包括对数字或数字编码的数据的组织、分析和解释(Montcalm & Royse, 2002)。变量的测量和数据分析是定量研究的特点，该方法可以：(1)总结特定群体的特征；(2)利用样本的特

征来估计总体的特征;(3) 检查特定群体内的关系模式(Weinbach &
Grinnell,1998)。换言之,量化数据分析是一种将你在需求评估
过程中收集的所有数据以一种有意义的方式组织起来的方法。

考虑下面这个例子:一个需求评估小组与社区精神健康机构合
作,他们感兴趣的问题是了解"该机构登记的报告抑郁症的案主的
数量"。请你看表 4.1 和表 4.2,哪个表呈现更多有用的数据? 假设
样本就只有这四个案主(实际不可能只有四个案主),表 4.2 的数据
更有助于研究者了解案主不同症状的严重程度。表 4.2 显示了组织
数据的重要性,通过组织数据,收集的数据就更易于理解和使用了。

表 4.1　报告存在精神健康问题的案主的原始数据

	能量消耗	睡眠障碍	感到悲伤或忧郁	食欲不振
案主 A	否	是	否	是
案主 B	是	否	是	否
案主 C	否	是	是	是
案主 D	否	否	否	是

表 4.2　报告存在精神健康问题的案主数据概要

	进食障碍报告百分比
能量消耗	25%
睡眠障碍	50%

	进食障碍报告百分比
感到悲伤或忧郁	50％
食欲不振	75％
任何症状	100％

　　定量数据分析通常需要收集大量数据，涉及的变量也很多。例如，当你使用调查问卷或封闭式访谈收集数据时，你可能收集到一些选项，你也可能从国家数据库下载一些二手数据。这些选项或数据是定量数据分析的基础。接下来，我们将详细讨论数据分析的步骤。数据分析的步骤通常是：

　　1. 数据编码。

　　2. 数据清理和分析准备。

　　3. 频率和单变量分析。

　　4. 检查两个或多个变量之间的关系。

二、数据编码

　　在需求评估中获取的数据并不总是可以直接输入电脑。为了便于数据分析，相应的类别通常需要转换为数字，这被称为数据编码。例如，如果你要将 250 份调查问卷的信息录入电脑并做成电子表格，你会发现，用数字代替"单身""已婚""分居/离婚""女性""男性"等类别更省事。这些数字相对来说是随意的，也就是说,你用数字"3"表示"单身"或"分居/离婚",这是没有区别的。然而,你必须保持一致。用"0"代表缺省值通常也是有意义的,因为这更容易记。当你为问卷或访谈的选项创建数字编码时,你就创建了一个编码本。像社会科学统计软件包(Statistical Package for the Social Sciences,SPSS)这样的统计软件需要对所有数据进行编码。一旦创建了编码本,录入数据的工作就可以由很多人一起做了。每个新项目通常都有自己的编码本。

表 4.3 编码本

变 量	属 性	编 码
婚姻状况	单身	1
	已婚	2
	分居/离婚	3
性别	女性	1
	男性	2
退伍军人	是	1
	否	0
残疾人	是	1
	否	0

三、数据清理和分析准备

数据分析的第一步是清理和编辑数据，这一步很重要。根据你的数据收集文件包含的案例量，有几种不同的开始方式。如果你案主数较少（25 个案主或以下），并且你还没有将数据输入到微软的 Excel 或 SPSS 等数据库中，那么你的数据分析可能只是计算一下某些变量的发生率并标记每个案例的反应选项。如果这是你的分析方法，那么清理数据的第一步可能是，仔细检查每个案例的概要，看看是否存在数据收集错误的情况。例如，如果你对记录案主过去 30 天饮酒天数感兴趣，那么案主报告的饮酒天数应该在0—30 天之间。如果你检测到数据收集错误（例如，一个案主报告的饮酒天数为 32 天），那么你可能需要回头检查一下原始数据。如果由于客观条件限制导致你无法回头检查原始数据，那么你也可以将这个案主的数据剔除。但是，你应尽一切努力避免在样本量较小时剔除案例，因为这可能有过度概括结果的风险。

75

当你的数据文件有很多条并且数据库已经建立时，你可以考虑运行频率分布来检验数据输入错误。频率分布将显示特定变量的所有输入值，并且通常从小到大排列。用前面那个报告饮酒天数的例子，频率分布将显示 0 到 30 之间的数值，你也可以很容易地检查出 0 到 30 之外的数值。应生成每一天的频率值，并检查是否存在错误。有时，你有必要回头查看原始数据，以确定问题所在，并集中纠正数据中存在的错误。

此外，请你将已处理的数据文件单独存在硬盘或数据库里，给它一个明确的"已处理"的文件名。你要确保你的数据分析是在已处理、正确的、没有问题的数据文件基础上完成的。同时,你要保留原始数据,以备再次使用它。

四、频率和单变量分析

频率和单变量分析可以为你的需求评估项目提供一些最有用和最有意义的数据。频率是某些案例数量或特征的总数。例如,"性别"变量中男性人数和女性人数。频率是单变量分析或者一次检验一个变量特征的例子。由于需求评估项目的目标通常是确定案主、机构或组织的需求,计算频率并进行单变量分析,使得需求评估团队能够确定数据收集设计中某些需求类型的普遍性。基于大学的需求评估项目中"参与者年龄"这一变量的频率分布见表4.4。

表 4.4　参与者年龄的频率分布示例

参与者年龄	频率(f)	百分比(%)
18 岁	45	13.7%
19 岁	57	17.3%
20 岁	54	16.4%
21 岁	59	17.9%
22 岁	43	13.1%
23 岁	32	9.7%

续　表

参与者年龄	频率(f)	百分比(%)
24 岁	21	6.4%
25 岁	18	5.5%
	$n=329$	100%

可以在 Excel 中计算变量的频率分布,使用语法命令计算频率。Excel 的一个潜在问题是,要想计算频率或进行单变量分析,你必须使用语法命令。对于精通 Excel 的人来说,这可能是一件轻松的事儿。然而,对于不太熟悉 Excel 的人来说,他可能会觉得有点儿困难。你也可以用 SPSS 统计软件包计算频率或进行单变量分析。SPSS 作为社会科学分析数据工具已经得到广泛应用。SPSS 软件包可以在线购买。SPSS 有演示教程,通过"点击"就可以完成统计分析,这可能会让你觉得 SPSS 比 Excel 的语法命令更容易操作。下面将以流程图的形式简要介绍频率和几种单变量分析的步骤,指导你用 SPSS 进行不同类型的统计分析。

1. 频率

频率分布将告诉你变量反应的范围以及选择该变量反应的参与者的人数。应在数据清理后再进行频率分析,以确保所有变量的反应都有效。

执行 SPSS 的频率分析程序:点击菜单"分析"(Analyze)→选择"描述性统计"(Descriptive statistics)→选择"频率"

（Frequencies）→选择要检验的变量

2. 平均值

平均值是特定反应值的平均数。在数据清理之前和之后，分别计算变量的平均值，可以帮助你确保平均值在预期范围内，并且能控制极值的情况。例如，在一个健康成年人的样本中，在过去的一年中，这些成年人进急诊室的平均次数应该很少，也许只有一两次。如果你得到的平均次数是 20，那么可能有一些数据被错误编码了（例如，把 02 错输成 20 了），或者有个别案主进急诊室的次数特别多，导致平均值变高。此外，通过检验标准差，也可以发现数据中是否存在异常值，以及这些异常值对平均数的潜在影响。标准差可以告诉你变量的值与平均值之间的差异有多大（Montcalm & Royse，2002）。当变量的值比较聚拢，变化很小时，标准差就很小。当变量的值比较分散，变化较大时，标准差就很大。

3. 中位数

78

中位数是一种特殊的平均值。中位数位于数据的中间位置。一个正态分布的样本，其数据范围在 0 和 30 之间，我们可以估计，它的中位数在 15 左右。中位数也可以帮助交叉检验数据清理的情况。与平均数不同，中位数不受极值（例如，进急诊室 45 次）的影响。

4. 众数

众数是一组数据中出现最多的数值。用前面讲到的进急诊室的例子，我们假设，在一个健康成年人的样本中，有 60％的成年人在过去一个月没到急诊室就诊。在这种情况下,样本中回应最多的应该是 0 次。因此,该组数据的众数是"0",尽管这组数据的平均值可能会比较高(例如,如果这组数据中有某些案主进急诊室的次数较多,即使是少数案主,也会将平均值向较高的方向拉)。

执行 SPSS 描述性统计分析:点击菜单"分析"(Analyze)→选择"描述性统计"(Descriptive statistics)→选择"描述"(Descriptive)在描述"选项"下,你可以选平均值、中位数和众数

单变量分析,包括频率和集中趋势的测量,通常用于需求评估项目。请考虑以下三个示例的数据呈现方式,虽然有些简单,但仍然有助于提供服务和转变策略。

在每一个示例中,你都可以看到,计算人口特征基本频率有助于理解研究中被调查者的需求。每一个示例都用频率来估计特定需求,进而帮助确定服务的优先级。在资金有限和资源必须适应人口需要的情况下,可以用单变量分析来确定问题的频率,然后以分层的方式组织起来。如果一个机构发现,机构中 35％的案主有精神健康方面的问题,55％的案主有家庭暴力方面的问题,25％的案主有毒品滥用方面的问题,15％的案主有学习障碍方面的问题,那么就可以将资源组织起来,优先服务家庭暴力方面的问题。因此,从一系列单变量统计开始的定量数据分析(例如,频率分布),可以成为需求评估小组的宝贵工具。

79

示例 4.1 "卡特里娜"飓风幸存者的需求

美国疾病控制中心与密西西比州卫生部一起开展了一次需求评估,以评估"卡特里娜"飓风幸存者对公共卫生服务的需求(McNeil et al., 2006)。"卡特里娜"飓风于 2005 年 8 月 29 日登陆,据估计,这是美国历史上造成损失最大的一次自然灾害。密西西比州汉考克县是受飓风影响最大的地区。调查结果显示,超过三分之一(36％)的调查对象说,他们的房屋完全被摧毁(这一点得到需求评估小组的证实)。大多数调查对象说,基本需求,包括水(26％)、电(41％)、厕所(37％)和电话(53％)服务很难得到满足。调查对象还谈及对身体健康和精神健康的担忧。有三分之一(33％)的调查对象表示,有一名家庭成员在飓风发生后寻求了医疗服务;约 34％的调查对象表示,有一名家庭成员在接受采访时还需要医疗服务;约 13％的调查对象表示,飓风发生后,有一名家庭成员有精神健康方面的问题。根据这一需求评估结果,机构为该地区居民提供了基本的服务,包括水和垃圾处理,同时增加了该地区的身体健康和精神健康的服务。

五、检查两个或多个变量之间的关系

虽然一次针对一个变量的分析可以为你的需求评估项目提供

有价值的数据,但有时你的问题要求你检验两个变量之间的关系。交叉分组列表或交叉表是检查变量之间关系的一种方法。交叉表分析允许你从另一个变量的角度检查一个变量的值的频率和百分比。例如,如果你有兴趣按性别查看五年级和六年级学生中成绩不及格学生的百分比,那么你的交叉表可能如表4.5所示。

81

表4.5　风丘小学成绩不及格学生分析示例

	五年级	六年级
男生	14％	12％
女生	7％	9％

通过交叉表,我们可以看出,在五年级和六年级的学生中,男生成绩不及格的比例明显高于女生。

执行SPSS的交叉表分析：点击菜单"分析"(Analyze)→选择"描述性统计"(Descriptive statistics)→选择"交叉表"(Crosstabs)

交叉表不仅可以让你看到一个变量相对于另一个变量的频率和比例,还可以进一步检验统计显著性。当我们说一个发现统计显著时,这意味着该事件偶然发生的可能性小于你确定的显著性水平(通常为5％,关于统计显著性的进一步讨论,请参阅Weinbach & Grinnell, 2007或Montcalm & Royse, 2002)。换言之,如果你发

82

现男生成绩不及格的比例高于女生,且二者有显著的差异,那么你就可以得出这样的结论,即二者真的存在差异,这种差异不太可能是意外情况。在设计需求评估时,你的团队应该考虑你的需求评估问题是否需要统计检验。

示例 4.2　无家可归者的心理健康需求

扎利策等人(Salize et al.，2001)开展了一次需求评估,以确定无家可归者中精神障碍和精神保健需求的比率。研究结果表明,超过半数(69％)的调查对象报告当前有精神障碍,82％的调查对象报告有精神障碍一段时间了。需求评估小组发现,两种情况下男性精神障碍的患病率都高于女性,尽管女性样本明显少于男性样本(女性样本 14 例,男性样本 88 例)。超过半数(56％)的调查对象表示,他们的精神保健需求没有从正规的治疗服务机构得到满足,另有 40％的调查对象表示,他们的精神保健需求"部分"从精神健康服务机构得到满足。根据这些调查结果,需求评估小组建议该机构在以下方面开展更多的精神健康宣传工作:(1) 严重的精神症状和并发症;(2) 身体健康治疗与精神保健服务相结合;(3) 满足基本需求的康复服务。

在我们讨论确定统计显著性的不同类型的分析之前,我们先

回顾一下定义不同类型变量的关键术语,这可能会有所帮助。变量类型的定义和示例请参见表 4.6。

表 4.6　变量类型的定义和示例

变量类型	定　义	示　例
称名变量	类别	性别:(1)男性;(2)女性
等距变量	数值之间的距离相等	饮酒问题指数得分,其中多个项目得一分,加起来就是总体风险评分
顺序变量	分类排序	服务满意度:(1)差;(2)一般;(3)好;(4)优秀

考虑上述例子,你可能决定要用统计检验回答"地方精神健康机构的男性和女性案主饮酒量是否有性别差异"的问题。在这种情况下,性别是自变量(预期会支配、影响或导致另一个变量发生变化的变量),而案主对饮酒问题的评分是因变量(感兴趣的、要检验或解释的变量)。有关自变量和因变量的详细讨论,请参见罗伊斯(Royse,2008)的著作。你也可能对服务满意度的评分是否存在性别差异感兴趣。这两个问题都能告诉你很多关于机构所需服务或服务质量的信息。

表 4.7 简要提供了自变量和因变量的类型与可执行的四种检验方法。还有很多统计检验方法可用,但在需求评估项目中,通常使用这四种检验方法。

83

表 4.7 变量类型和检验方法

自变量类型	因变量类型	检 验 方 法
称名变量	称名变量	卡方检验
称名变量(2 组)	等距变量	t 检验
称名变量(3 组或更多)	等距变量	方差分析
等距变量	等距变量	皮尔逊相关

资料来源：Weinbach & Grinnell，1998

通常也可将顺序变量当作称名变量处理,有时也可当作等距变量处理,并用前述检验方法进行分析。下面谈一下如何在 SPSS 中进行检验,以及如何呈现和解释这些结果。

1. 卡方检验

卡方检验是根据交叉表中每个单元格中值的比例差异,计算统计显著性(概率)的统计过程。表 4.8 提供了卡方分析示例。

表 4.8 卡方分析示例

参与者性别	是否接受过精神治疗		
	否	是	总 计
男性	15 人	15 人	30 人
	(50%)	(50%)	(100%)
女性	9 人	11 人	20 人
	(45%)	(55%)	(100%)

续　表

参与者性别	是否接受过精神治疗		
	否	是	总　计
总计	24 人	26 人	50 人
	(48%)	(52%)	(100%)

* 皮尔逊卡方值＝0.729

执行 SPSS 的卡方检验程序：点击菜单"分析"(Analyze)→
选择"描述性统计"(Descriptive statistics)→选择"交叉表"
(Crosstab)→选择相关变量,将自变量放在行中,因变量放在
列中→单击左下角的"统计"(Statistics)按钮→在左上角的
"卡方"(Chi-square)框上打钩

卡方检验分析了精神健康机构中男性和女性患者精神治疗
史方面的差异。如果你看"是"栏,也就是看接受过精神治疗栏,
你可以看到女性接受过精神治疗的比例(55%)略高于男性
50%。然而,皮尔逊卡方值为 0.729,大于 0.05,表明不同性别接
受过精神治疗的比例之间没有显著差异,也就是,男性和女性接受
过精神治疗的比例之间的差异没有达到统计学意义上显著的
要求。

2. *t* 检验和方差分析

接下来,我们将讨论 *t* 检验和方差分析。将它们放在一起讨
论,是因为它们的统计检验过程相似——两者都检查不同组平均

84

值之间的差异。当你只有两组自变量时，使用 t 检验，当你有三组或三组以上自变量时，使用方差分析。表 4.9 和表 4.10 分别提供了 t 检验分析示例和独立样本 t 检验分析示例。

表 4.9 t 检验分析示例

	婚姻状况	n	平均值	标准差	标准误
受教育年限	单身/未婚	29	10.52	2.4	0.448
	其他婚姻状况	21	11.95	1.9	0.411

表 4.10 独立样本 t 检验分析示例

	方差齐性检验	F	显著性	t	df
受教育年限	方差齐性	5.311	0.26	-2.268	48

85　　　执行 SPSS 的 t 检验程序：点击菜单"分析"（Analyze）→选择"比较平均值"（Compare means）→选择"独立样本 t 检验"（Independent samples t-test）→选择要检验的变量作为因变量、被试分组的变量作为自变量（自变量不同水平以不同赋值来定义）

执行 SPSS 的方差分析程序：点击菜单"分析"（Analyze）→选择"比较平均值"（Compare means）→选择"单因素方差分析"（One-way ANOVA）→将因变量放到"因变量框"（Dependent variable box），将自变量放到"因子框"（Factor box）

与"其他婚姻状况"类别的参与者相比,t检验首先呈现需求评估研究中,"单身/未婚"类别的参与者的受教育年限与"其他婚姻状况"类别的参与者的受教育年限的平均值。从表4.9你可以看出,"单身/未婚"类别的参与者报告的受教育年限(10.52)略低于"其他婚姻状况"类别的参与者报告的受教育年限(11.95)。表4.10呈现的差异的显著性为0.26,大于0.05。这表明,两类参与者受教育年限的差异不显著。因此,这项研究中的"单身/未婚"类别的参与者受教育年限较少可能只是偶然造成的。

表4.11患重病次数的描述性统计分析了不同种族的参与者在需求评估研究中报告的患重病的次数。

表 4.11 患重病次数的描述性统计

		n	平均值	标准差	标准误
种　族	白　人	24	4.42	3.2	0.654
	非裔美国人	26	2.69	2.4	0.467
	合　计	50			

表4.11中,白人和非裔美国人患重病次数的平均值被圈出来。你可以看到白人报告的患重病次数的平均值是4.42次,而非裔美国人则是2.69次。另外,注意表4.12最后一列显著性0.035小于0.05,这表明这一差异具有统计学意义。

86

表 4.12　患重病次数的方差分析

	平方和	df	均方	F	$sig.$
组间	37.108	1	37.108	4.720	0.035
组内	377.372	48	7.862		
合计	414.48	49			

3. 相关性

相关性检验两个等距变量之间的关系。皮尔逊相关系数是关系强度的指标,相关系数越接近 1.0(或 -1.0),变量之间的关系越强。任何变量与自身的相关系数都是 1.0。正相关表示当一个变量的值增加或减少时,另一个变量的值也增加或减少。负相关表明,当一个变量的值增加时,另一个变量的值减少,反之亦然。

执行 SPSS 的相关分析:点击菜单"分析"(Analyze)→选择"相关性"(Correlate)→选择"双变量"(Bivariate)→选择两个要检验的变量

相关性检验了参与者的年龄与报告的患重病次数之间的关系。在表 4.13 中,圈出的变量表明参与者的年龄与患重病次数之间存在显著性相关。你可以通过皮尔逊相关系数为"正"看出这是一个正相关,这表明随着参与者年龄的增加,参与者报告的患重病的次数也会增加。

87

表 4.13   使用皮尔逊相关的例子

		参与者年龄	患重病的次数
参加者年龄	皮尔森相关	1	0.603**
	显著性（双尾检验）		0.000
	n	50	50
患重病的次数	皮尔森相关	0.603**	1
	显著性（双尾检验）	0.000	
	n	50	50

** 相关性在 0.01 水平显著（双尾检验）。

使用统计检验检查两个或多个变量可以为需求评估项目提供一些有价值的数据。研究者在需求评估项目中检查两个变量之间关系，见示例 4.3。

示例 4.3   在需求评估项目中检查两个变量之间的关系

在一个单独的需求评估项目中，阿科斯塔和托罗（Acosta & Toro，2000）研究了纽约州布法罗市无家可归成年人使用社区服务的情况。需求评估小组对无家可归成年人社区服务的使用情况、所需服务类型，以及获得所需服务的困难感兴趣。这项需求评估结果表明，样本大多数是男性（74%），他们大多

是有色人种(73%),超过一半的人没有子女(55%),约三分之二的人有毒品滥用问题(74%)。在过去6个月检查社区服务使用率时,61%的人报告使用了无家可归者收容所提供的服务,约半数(48%)的人报告去过流动厨房。需求评估小组希望他们描述与所使用的服务相关的服务满意度。他们考虑进行一项 t 检验,以服务使用类型为自变量(流动厨房/收容所和其他类型的服务),以服务满意度为因变量(满意度量表)。调查结果表明,与收容所和其他类型的社区服务相比,参与这一需求评估研究的无家可归者对流动厨房的服务更满意。这项研究的结果表明,社区可能需要为无家可归者提供一些有针对性的扩展服务。此外,可能需要增加该地区流动厨房的数量。

4. 同时检验多个变量

88

回归是需求评估项目中用来检验多个变量的一种分析类型。回归允许你检验多个变量(一组变量和/或单个变量)对某些结果变量的预测。例如,一个主要为毒品滥用案主提供服务的机构将治疗后戒断6个月看作是"积极的治疗结果"。作为需求评估项目的一部分,你可以检查最有可能预测毒品滥用案主戒断的因素——年龄(年龄较大的案主还是年龄较小的案主更能保持戒断)、种族(非裔案主和西班牙裔案主戒断的比例是否差不多)、性别(男性和女性的戒断率是否存在差异)等。回归分析的操作可能有点复杂,需要详细挖掘数据并将其作为中间步骤。在将变量纳入多变量模型之前,要确保变量在多变量模型上是相互关联的。有关回归分析的更多详细信息,请参阅魏因巴赫和格林内尔(Weinbach & Grinnell,1998)的著作。

回归分析的一种特殊形式是逻辑回归,当你想要预测一个有两个层级的分类变量的结果时,你可以使用逻辑回归分析。例如,如果你在县卫生部门工作,负责向贫困的新生儿父母宣传婴儿接种疫苗的重要性,那么逻辑回归分析可以告诉你哪个变量(年龄、性别、就业状况,孩子数量和教育程度等)是贫困的新生儿父母听从建议预约接种疫苗的最佳预测因素。基于统计学显著性检验,逻辑回归模型提供了每个预测变量的比率,告知你在同一模型中当你考虑其他变量时,预测变量对结果变量的影响有多大。下面是在需求评估项目中使用逻辑回归的示例。

89

示例4.4　在需求评估项目中使用逻辑回归

贝弗利等人(Beverly et al.,2005)开展了一个社区需求评估项目,征求社区成员对开发一个老龄化的教育和跨学科护理项目的意见。这个需求评估项目的总体目标是:通过跨学科的护理和有创意的教育项目,提高老年人的健康情况,进而影响国家政策。他们用一系列单因素(频率)分析对样本进行描述。

样本的情况是：大部分是女性（68%），大部分是白人（82%），年龄在 65 至 84 岁之间（83%），婚姻状况为已婚或丧偶（84%）。研究团队还进行了双因素分析，检验种族和健康状况之间的关系。他们发现，非白种人患糖尿病的可能性是白人的 1.6 倍，出现记忆力问题的可能性是白人的 1.6 倍，出现高血压的可能性是白人的 1.3 倍，患流感的可能性是白人的 1.3 倍。他们的研究结果表明，老年人对与健康有关的问题和服务有较高需求，而且有些种族/族裔群体更容易出现某些健康问题。

六、质性资料分析

到目前为止，我们关注的都是数据分析技术。数据分析技术需要操作数字，以回答需求评估项目提出的问题。然而，正如第三章所讨论的，一些需求评估设计用开放式访谈或焦点小组的形式收集数据，因此获取的是一些质性资料。这些质性资料需要质性分析方法。质性分析方法需要对文字、短语或文本片段进行编码，并将编码后的资料转化为建构或类别。然而，可以对这些建构进行研究，找出能够描述需求评估项目主要问题的主题或模式。就像量化数据需要初始清理一样，在质性分析开始前，也要根据质性资料的数量来决定采用的分析方法。举个例子，如果你的需求评估团队获得数百页的现场观察记录、开放式访谈和机构检查资料，那么逐一检查关键主题可能会很困难，需求评估小组可能希望使

90

用诸如 Nvivo 之类的电脑软件包来查找主题。反过来,如果质性
资料数量很少,容易处理,那么手动输入并分析也是可行的。

无论资料数量有多少,也不管你使用何种输入数据的方法,质
性分析的目标都是相同的:系统检查主要的主题文本,为需求评
估项目提供信息。这一过程通常从将所有资料(通常是现场记录、
录音带、焦点小组记录或开放式访谈笔记)输入电脑开始。你可以
使用专门为质性资料分析而购买的程序,也可以使用常规的文字
处理程序,如 Microsoft Word。需求评估小组或调查员首先要阅
读文本并识别有意义的信息单元。

组织这些信息的一种方法是建一个表,如表 4.14 所示。表   91
4.14 的特点是呈现社区居民滥用毒品治疗项目中多个调查对象的
开放式访谈的回答。调查对象的回答是从记录中誊抄的。主题是
由需求评估小组成员对资料编码后手动输入进去的。

表 4.14　组织质性回答的矩阵示例

调查对象	回　　答	主　　题
机构主任	我觉得我们最重要的资源是我们的家庭暴力项目。我们的员工训练有素,并且非常了解社区案主的需求。其他机构并不提供这些服务。	家庭暴力
治疗师	我在这里工作了大约 6 个月。我的印象是,家庭暴力是一个大的社会问题,而我们只看到冰山一角。	家庭暴力

调查对象	回　　　答	主　　题
案主	我带着一个严重的问题来参加这个项目。这里的治疗师确实帮助我认识到,我正在使用毒品来应对家庭暴力所带来的情感和身体痛苦,这是我最大的问题。	家庭暴力

　　从表 4.14 可以看出,该机构在处理家庭暴力问题方面,围绕需求和服务的价值有一个明确的主题。用表格的形式来组织资料组块的一个有益之处是,需求评估小组或研究人员有能力对每一个资料组块进行编码,再回头查找所确定主题的异同。然后,需求评估小组或研究者可以将这些资料组块合并为更大的构念或类别。这一过程被称为开放编码。开放编码可以识别主题,再用主题重新检验质性资料。

　　你可以将已识别的主题读出来或打印出来,确保需求评估小组掌握了每个主题的含义,并确保这些主题没有重叠。需求评估小组还可将主题分为"主""次"两个类别,这取决于记录的一致性和回答的语境。在这一步,研究者可以多次阅读构成每个类别或主题的段落,这通常被称为常量比较分析(constant comparative analysis)。作为一个迭代过程,常量比较分析可以确保所识别的主题是获取编码段落含义的最佳方式。

　　对需求评估小组来说,质性分析可能是令人沮丧的,因为主题的确定完全取决于研究者对调查结果的解释,这可能会受研究者生活阅历、知识和对数据的直觉等偏见的影响。我们建议让几个审查员对关键问题的数据进行检查,这有助于消除研究者个人导致的数据偏差的可能性。此外,多个审查员的好处在于,可以为需求评估资料提供更多视角。

示例 4.5　使用质性分析的项目实例

刘易斯等人(Lewis et al., 2005)在新泽西州开展了一个项目,以更好地了解拉丁裔社区对虐待亲密伴侣的看法。该研究小组与拉丁裔社区成员开展焦点小组访谈,社区服务提供者也与知情人开展了焦点小组访谈。根据主题,对记录的访谈文本进行编码,这些主题是"演绎"(源自文学)和"归纳"(源自访谈文本)的结果。调查结果表明,与虐待亲密伴侣有关的因素包括:财务问题、毒品滥用、移民压力、关系问题、虐待家族史、男子气概和性别角色的文化规范,以及文化适应水平。调查结果表明,拉丁裔社区居民更能接受虐待亲密伴侣,这在很大程度上影响受害者的报告,使受害者不报告,失去对其干预的机会。受害者不报告的原因还有:不信任警察、害怕施虐者伤害、害怕失去子女、缺少家庭支持和感到羞耻。进一步分析质性资料可以发现,社区成员和服务提供者对与虐待亲密伴侣有关的因素和受害者不报告的原因有一些相似的认识。该研究结果表明,从多个角度收集和分析资料有助于全面了解社区问题。上述相似和不同之处对虐待亲密伴侣主题感兴趣的需求评估研究者有重要意义。

上面这个使用质性分析的项目实例演示了如何在需求评估项目中使用质性分析。

七、内容分析

内容分析是一种处在量化方法和质性方法之间的数据分析方法。具体来说，内容分析包括在交流内容中检索关键词、短语或概念，并计算它们的数量。关键词或短语可以计数（发生的频率）、测量（例如，报纸专栏的大小，演讲中分配给特定主题的时间），或以其他可以重复的方式对其分类。内容分析既可用于回顾性分析（审查现有材料），也可用于前瞻性分析（分析即将发生的事件或故事）。

考虑一下这种情况：毒品滥用治疗项目主任最近开始考虑增加专门用于刑事司法转介案主的床位数量。她发现，刑事司法转介案主人数逐月增加。此外，她手下的工作人员提醒她注意这一问题，即当前的项目方案没有解决这些案主的特定需求（即因犯罪导致的找工作困难的问题）。这个主任决定对每月工作人员会议记录开展内容分析，试图找出这些案主可能存在的其他特殊需求，以便调整目前的项目方案，表 4.15 呈现了这位主任内容分析的步骤。

表 4.15　内容分析的步骤

步骤 1	构建研究问题	刑事司法转介的案主有哪些特定需求？
步骤 2	确定内容分析材料来源	内容分析材料来自机构工作人员会议记录。这些记录最初是录音，再转录成文本

步骤 3	确定关键词	关键词包括与刑事司法转介案主有关的需求的词语。项目主任计算每个关键词被提及的次数,并记录提及到这一关键词时的治疗背景
步骤 4	确定抽样方案	由于项目主任的时间有限,她将审查过去 6 个月工作人员会议记录
步骤 5	计算关键词的数量	计算工作人员会议记录中提到的刑事司法转介案主提及的关键词的数量
步骤 6	信度检验	当项目主任完成了对工作人员会议记录内容的审查,她会请一个实习生按同样步骤进行内容分析。如果二者结果相似,那么项目主任就会更有信心,因为她的研究结果是可靠的

内容分析实质上包括数量计算。项目主任和实习生审查工作人员会议记录时发现:在过去一年,有 25 个案主没有住所,43 个人存在就业问题,14 个人有毒品滥用问题,3 个人有儿童监护权问题,2 个人有药物适应问题。这些结果与每个月报告中观察到的趋势一致。同样,内容分析可以用来计算当地报纸关于无家可归者问题的社论的数量。内容分析也可与其他质性分析方法结合以确定主题。

八、数据发现在需求评估项目中的应用

本章简要概述了分析需求评估数据的量化方法和质性方法。

到底采用哪种方法,很大程度上取决于需求评估项目的范围、数据收集设计、已收集的数据类型、可能的分析方法,以及需要解决的

94 问题(见表4.16)。与选择正确的需求评估设计一样,在选择分析方法时,也要考虑会影响最终结果的需求评估团队数据分析及统计专业的资源情况。例如,一项调查采用的可能是全封闭式的或多项选择的问题,而另一项调查采用的可能是开放式问题。多项选择的问题,答案更容易编码和制表,也更方便进行量化分析。开放式问题通常无法量化分析。沿着这个思路,变量的选择以及变量的类别,例如,是分类变量("我对药物咨询服务的需求是:1. 大;2. 小")还是等距变量("你在1—100的范围内评估你对毒品咨询服务的需求"),都会影响你的分析策略。下面"使用内容分析的质性项目示例"提供了与需求评估设计有关的数据分析策略的参考

95 资料。虽然在某些特殊情况下,这些示例可能不适用,但在大多数情况下,它们为你的分析策略提供指导。

示例4.6 使用内容分析的质性项目示例

在另一项研究中,黛丝淇(Daiski,2007)调查了加拿大无家可归者的医疗需求。这项研究采用开放式访谈和现场观察的方法,对24名无家可归成年人进行抽样调查,并对现场观察记录和访谈记录进行主题内容分析。分析包括统计无家可归者的健康问题和治疗需求的种类和数量。如预期所示,参与者报

告癫痫、慢性呼吸问题和肌肉或骨骼问题(例如,关节炎)等健康问题。许多参与者报告,他们很难维持就业状态,缺少安全感,感觉被社会孤立。此外,一些调查对象报告了毒品滥用问题和精神健康问题。利用这项研究结果,将无家可归者的外展服务纳入社区卫生中心,这将对需求评估研究者有重要影响。如果你看了这份报告,你会注意到报告中没有表格或统计数据,这是质性研究的一个标志。

表 4.16　数据分析方法选择指南

数据收集设计	数据类型	可能的分析方法
焦点小组	开放式问题,现场记录或录下回答内容	质性分析、内容分析
社区论坛	开放式问题,现场记录或录下回答内容	质性分析、内容分析
机构文件-治疗师叙事或进展记录	现场记录	质性分析、内容分析
机构文件-治疗师叙事或进展记录	统计系统数据或需求评估事件	质性分析、单变量分析
非结构化开放式问卷调查或访谈	开放式问题,现场记录或录音	质性分析、内容分析
结构化或封闭式调查或访谈	连续或分类变量	量化分析、单变量分析、双变量分析或多变量分析

96　　虽然表 4.16 可为你提供数据分析方法与研究设计方面的指导，请注意，分析方法也受项目人力资源、专业知识水平和时间等因素的影响，就像总体研究设计也受这些因素的影响一样。

九、小结

本章提供了分析需求评估数据的指导。分析质性资料和量化数据的方法有很多，通过数据分析可以确定模式和主题，可以解释和传播项目研究的结果。具体来说，单变量分析（集中趋势的频率和测量）、双变量分析（交叉检验、t 检验、方差分析和相关性）和多元（回归）分析检验以数字形式编码的量化数据。内容分析和主题编码分析是广泛使用的检查质性资料的方法。在选择适当的分析技术分析数据之后，重要的是在需求评估报告中将数据分析结果呈现给目标受众，这将在下一章讨论。

撰写需求评估报告

本章将为撰写需求评估报告和摘要提供有用的建议,并帮助读者站在利益相关者和其他可能会使用这个研究报告的重要人士的视角,思考报告写作的风格以及预算的优先次序。

一、读者与写作风格

在开始撰写需求评估报告前,重要的是,你要清楚报告是给谁看的。需求评估报告与学术报告不同,也与学期论文或学术论文不同,学术论文通常需要进行文献综述(例如,要列出参考文献),可能包括对理论方向和理论观点的讨论。然而,大多数需求评估报告不是为学者写的,而是为非学术、非专业的一般读者写的。需求评估报告写的是某一地区、某一机构、某个社区的某一具体问题,没必要像撰写学术文章一样,有学术来源,引用参考文献。事实上,你甚至可能都不需要列出参考文献,因为你可能根本就没有相关的参考文献。了解报告是为谁写的,有助于你调整写作风格,到底是"向上"变成更正式或者更学术的论文,还是"向下"变成非

98

正式或大众的报告,这取决于你的读者对象是谁。

　　一般来说,需求评估报告的写作应该将目标放在普通读者,即有高中学历的人身上。你可以利用文字处理程序评估一下报告的可读性指数。如果报告的可读性指数为 12 或 13,那么你应该尝试使用短词、短句,将可读性水平降到 9、10 或 11。复合句、复杂句式会提高可读性指数。你应该避免使用那些读者可能不熟悉的术语、行话和缩略语(例如 SPSS)。

　　一般来说,短句或短段落(相对于那些一整页的长段落)更方便读者阅读和理解你的报告。你的写作要让你的报告容易理解,不要默认读者理解你所写的一切。相反,你最好假设读者完全不知道你的项目,你需要从一开始就带他们进入并理解项目。因为你参与了需求评估项目,所以你拥有其他人不具备的"内部知识"。如果你不注意,那么就可能忽视重要的细节,因为你可能会忘记,并不是每个人都知道你知道什么。如果你是需求评估规划团队的成员,避免这种问题的一种方法是保留日志或日记,记录作出的重要决策以及理由。例如,由于预算有限,委员会可能决定不向前案主发送问卷,而只向现案主发送。因为你在决定的现场,你也参与了讨论,因此你在报告中可能就不会解释"为什么不收集已结案的前案主的资料"。

　　同时,需求评估报告不应包含多余的信息,也不应包含太多冗99余的细节。读者没必要知道每一项决定,每一项事实,你也没必要用统计检验的数据来淹没读者。相反,请记住,大多数读者对冗长的报告不感兴趣,特别是那些把他们最感兴趣的信息埋藏在毫无意义的琐事中的报告。

在学术写作中,被动语态通常是必需的(例如,有 5 个焦点小组被创建)。然而,用主动语态写作(例如,"小组计划约谈 8 位机构管理者")往往会使阅读更有趣,并使报告更个性化。如果你想让你的报告有更多的读者,那么你最好使用主动语态而不是被动语态。这应该是计划委员会讨论的主题,他们应该决定这个报告要给谁看。

二、需求评估报告应包含哪些内容

需求评估报告应包含三个不同方面的内容,以下依次讨论。

1. 引言

所有需求评估报告都应从描述问题开始。有时,在描述问题时,提供一些统计数据是有帮助的,这样就可以在明确的语境中考虑问题。例如,在克罗基特县(Crockett County),宫颈癌的年发病情况可能是每 10 万人口中有 16.2 例,而全美宫颈癌的发病情况为每 10 万人中有 7.9 例。显然,这是一个值得关注的问题。

务必解释需求评估的目的。有时,用目标、目的或理由来表达这一点。如果由于一些事件(例如,青少年自杀)而产生需求评估的需求,那么你要向读者讲述该案例或故事。请记住,读你的报告的人可能并不了解你开展需求评估的原动力或动机。当他们读完这一部分内容后,他们应该对问题或议题有一个很好的看法,如你研究的理由以及你希望从需求评估中得到什么。

100　　**2. 方法**

　　像前文所述的,需求评估的方法是指资料收集的过程、内容、方式和时间。换句话说,在"方法"部分,你需要解释你使用的程序,你的参与者是如何被招募到项目中的,你向他们提出什么问题等。通常,你会呈现收集资料的工具,并简要描述它们或引用参考文献说明它们,以便读者可以通过你提供的线索,在他们需要时找到这些信息。你还要告诉读者你发了多少份调查问卷,回收了多少份,诸如此类的事情。你要提供足够多的信息,使读者能够了解你的数据收集策略及其严谨性。

　　在"方法"部分,读者对研究对象和收集数据的方式感兴趣。你把问卷寄给了工作人员、案主,还是分发给了购物中心的路人?你是否组织焦点小组讨论? 你采访社区知情人了吗? 你有义务向你的读者解释你联系了多少人,多少人参与其中,你的问卷调查的应答率或回收率。如果你的数据收集设计是科学的(例如,你采用随机设计,那么你的概率样本有一个巨大的误差和置信区间),你需要简要解释你随机抽取样本的过程。在需求评估报告的末尾附上一份问卷或访谈时间表。如果你借用了其他研究的问卷或数据收集工具,那么请你将这个情况告诉读者。如果你的数据收集工具是由需求评估小组自己创建的,那么你可能需要向读者介绍这一创建过程。

　　如果你的研究设计是基于推理而非科学的,你也要报告,你是如何采访或询问你的调查对象的。你的样本是更大人群（所有联系过的人）的代表，读者想知道你是如何选择这些样本的。

同样令读者感兴趣的是，谁收集了数据（例如，是外包商还是机构工作人员）、收集数据者与机构的关系，以及需求评估调查员与数据收集者之间的合作程度。例如，是 15 分钟访谈吗？焦点小组平均时间有 2 个小时吗？调查是匿名的吗？大多数工作人员都参加了吗？

如果你的需求评估涉及复杂的数据分析过程，那么你就要在"方法"的末尾或"结果"的开篇，用一定篇幅来叙述你的数据分析计划。

3. 结果

需求评估报告必须呈现需求评估团队的调查结果，即发现了什么。在这一部分，你可能需要在如何呈现调查结果方面深思熟虑。例如，你可能会先讨论你认为最重要的发现，然后，你讨论你认为次要的发现，依此类推。或者，你可以通过某些专题来报告调查结果，例如，18 岁以下、成年人、老年人等专题。

在一个大社区，调查结果可以按邻里问题或专题问题（如犯罪、垃圾回收、学校等）来呈现。调查结果的呈现方式直接关系到需求评估的目的以及你希望通过报告实现的目标。在你真正开始撰写"结果"部分之前，你可能需要拿一张白纸，在上面写下需求评估的目的，然后，再列出与其相关的最直接的发现。

报告的"结果"部分应该总结你从数据中发现的内容。在某些方面,"结果"部分的任务与探矿者寻找黄金的任务没什么不同。你不需要告诉读者你遇到的每一块石头或鹅卵石。换句话说,你没必要向读者报告你发现的每一个小事实(例如,有三个 90 岁的人家庭地址的邮政编码为 40019,而不是 40017)。如果你有大量102 的数据,那么用表格来呈现通常是一个很好的策略。这里的原则是:"少就是多。"换句话说,如果你准备的表格只有五六张,而不是35 张全页表格,那么阅读你报告的人就会更多。同样,如果你没有让表格容纳太多信息,没有让表格更复杂或更难以理解,那么读你报告的人就会更多。虽然正常的思维倾向是想告诉读者所有事情,但请你记住,读者的时间是宝贵的,而且大多数人不想花整个下午的时间去钻研一些数据分析的细节。你要通过表格呈现你想向读者展示的重要内容,告诉你的读者你在文字叙述中的重要发现。

如果故事读起来不那么顺畅,那么可能是因为你关注的是数字(例如,有 233 名男性和 187 名女性),而不是案主的偏好或陈述的问题的比例。通常男性案主和女性案主的人数是不同的,你不可能获得数量完全相同的男性案主和女性案主。比例很重要。例如,如果 75% 的男性和 90% 的女性认为,社会上与枪支有关的犯罪太多了,那么这是一种非常有力的说法,应该予以讨论。与更复杂的分析相比,比例传达信息更出色,有时甚至更有力。

在撰写"结果"部分的内容时,你也要查看是否有来自国家、地区或其他当地组织的可比较的统计数据(作为基准)。可能与国家平均水平相比,你所在社区的问题要高出三倍。或者,相邻地区的人们相同问题的比例也可能大致相同。基准检验产生的结果可以让读者(以及你)确信你的发现不是疯狂的或随机的。

当你完成"结果"部分的初稿时,请你回过头来看一下报告内容。例如,可以用叙述轻松解释的数据,可能并不需要用表格呈现。举个例子,某一城市的市民可能觉得,"缺少非机动车道"是他们社区的首要问题。也许没有必要建立一个表格来展示不同性别、地区、年龄和种族同意这一问题的人数。你的数据分析可能显示,年轻人(即年龄为 19—39 岁)特意谈到"缺少非机动车道"的问题,而其他年龄组则发现了不同的问题而且没有达成一致。你可能发现,40 岁至 60 岁的人认为,社区的首要需求是建立一个青少年娱乐中心,而 61 岁及以上的老年人则希望,在市中心有更多的零售购物选择。有时,重要的是用表格来突出呈现某些需求的对比。

如果你用假设检验(如 t 检验、卡方检验等),请你记住,统计结果(例如,$X^2[6, n=997]=4.39; p=0.61$)会使许多读者感到复杂和困惑,说你发现结果"差异显著"或"差异不显著"就可以了。如果你认为有必要报告统计结果,可以选择在报告末尾以附录的形式补充这一信息。

三、报告结果并提出建议

在项目规划阶段,你就得决定在撰写评估报告时是否客观和真实地呈现调查结果，让读者自己得出结论，或者你是否会在报告中直接陈述一系列结论或建议。如果你的需求评估计划委员会也承担宣传的任务，那么用直接陈述一系列结论或建议的方式来结束报告可能是一种自然的、合乎逻辑的方式。

值得注意的一点是，在撰写结论或建议时，你应该小心，不要让你的热情或强烈的宣传意识干扰你的客观判断。不要在数据不充分的基础上提出重大建议（例如，一位案主说，"接待员从不接电话"）。在学术写作中，这个问题有时被称为"过度推广"。如果你想得出一个结论或者提出一个重要的建议，那你就要把它建立在合理和完整地收集到的数据基础上。不要"优先选择"支持你的立场的数据，而忽视或忽略不支持你的立场的数据。如果五项中有三项不支持你倡导的建议，只有两项支持你的建议，那么只关注这两个支持项是不公平和不专业的。最好与读者分享真实结果，无论结果是"好坏参半"，还是充满确定性。

一些社会科学家认为，这些数据"应该为自己说话"，调查人员的作用只是收集数据，而不是作出政策或方案方面的决定。社会科学的这一立场表明，这些社会科学家知道，一个人的价值观和信念可以影响数据的解释方式，甚至影响对问题的建构。对于一些研究者来说，居住在社区中的居民和服务提供者知道当地规划和政策方面需要改变什么。

在开始收集材料，准备写报告之前，先向你的老板、需求评估发起人或其他关键的参与者澄清是很正确的做法。你可能需要用备忘录、信件或其他一些文件来准确说明需求评估的目标、目的或意图、时间框架、可用资源、最终报告的篇幅（粗略估计），以及是否应在报告中给出结论或建议。你甚至可能需要在正式撰写报告前，先起草报告大纲，以避免之后可能出现的误解。如果你作为一名受聘开展需求评估的顾问，那么用备忘录记录你应得的费用也是一个不错的主意。

最后，如果你（或需求评估团队）不愿意根据数据提建议或给出主要结论，那么你也可以选择不向机构董事、董事会等提出你的建议。如果需求评估的结果是负面的，例如，如果评估发现，工作人员没有遵守既定的机构政策或者案主认为工作人员没有有效地帮助他们，那么面对这样的评估结果，各机构可能会变得警觉起来。有时，你可以先把这些问题编成草案，并在最后定稿前让当权者（例如，机构主任）预览，从而解决这些问题。机构中值得信赖的工作人员和其他人员可以提供有用的反馈，并可能提出一种更委婉的呈现结果的方式。

105

四、报告的局限性

每一项研究都不是尽善尽美的，都有其局限性。换句话说，没有哪项研究是完全没有偏见的，而且大多数研究都在资料收集方面存在或大或小的问题。当需求评估结果不佳时（例如，只用一个只有 6 个青少年的焦点小组来代表整个芝加哥青少年的情况），需求评估报告的作者应意识到这一点，在讨论评估结果时应非常保守和谨慎。当需求评估工作规划和执行得很好时,需求评估报告的作者应该对评估结果更有信心,就不用过分关注研究的局限性了。如果你给很多潜在的调查对象邮寄了调查问卷,但应答率却很低(例如,给 1 000 个潜在的调查对象邮寄了调查问卷,只有 57 个作出应答),那么研究也存在较大的局限性。一项研究可能存在多种局限性。任何违反科学研究程序的行为都会造成研究的局限性。例如,在收集数据后才发现调查问卷有偏见,见示例 5.1。

106

示例 5.1   有偏见的问卷导致研究局限性的例子

请你评估该机构提供的服务质量:

☐　　优秀

☐　　很好

☐　　好

☐　　较差的

评论:这个问卷是有偏差的,因为它是不平衡的。案主有三个选机构服务好的选项,只有一个选机构服务不好的选项。因此,即使机构服务不那么好,被调查者也可能会选机构服务好的选项。研究者不应从这个问卷调查得出结论,即该机构服务很好,不需要提升服务质量。如果这项研究只有这个问卷(没有其他类似的问卷),那么这项研究项目就是存在局限性的。如果其他研究项目得到的结果一样,那么问题就不那么严重了。

什么是次要的局限性？次要的局限性指的是一种不容易纠正和检测，但很可能不会影响结果的缺陷或错误。例如，在构建了2008年接受该机构服务的案主样本框后，研究者随机选择了650名案主，并给他们发出问卷。调查人员知道，2008年5月1日至5月15日期间接受该机构服务的案主不在数据库中，因为当时项目助理正在休假，所以那段时间的数据没有录入数据库。我们没有理由怀疑，缺了这2周案主的数据就会显著改变需求评估的结果。与此相反，当案主数量有季节性变化时，情况就不一样了。为儿童精神健康问题提供服务的项目人员发现，暑假期间有问题的案主比学期中多。在这种情况下，如果你的随机样本不包括暑假期间有严重问题的案主(像上面那个项目助理休假的例子那样)，那么你获得的数据可能就有主要的局限性了。

五、执行摘要

执行摘要是一份简短的需求评估报告。它只是一个概述，没有实质内容。这里的想法是，执行摘要为忙碌的人们提供了一个无需阅读整个文档就可以快速、准确获取报告概要或要点的选项。

这里，我们给执行摘要的写作提几点小建议。

首先，要先写完整个需求评估报告，再撰写执行摘要。执行摘要必须反映报告包含的内容，不应提供新的信息。

其次，虽然执行摘要类似于摘要，但只要可能，执行摘要应比摘要长一些，大概长六到八句。根据经验，执行摘要以三四页为

107

宜,最好不超过十页。一般来说,执行摘要中不必插入报告中的表或图。此外,要概述要点,使报告一目了然。

再次,根据完整报告的结构,设置执行摘要的模式。如果完整报告包含方法介绍、发现和建议三个部分,那么执行摘要中也应该按照这个模式呈现这三部分。如果执行摘要的读者对其中一部分内容有疑问,那么他可以轻松在完整报告中找到相应的内容。

最后,再强调一点,知道报告是为谁而写非常重要。读者是旁观者(例如,普通公民、机构的案主),还是专业的服务提供者或政府官员? 不同的群体可能有不同的背景知识,对需求评估也可能有不同的观点。然而,无论读者是谁,你的写作都要尊重他人,并且要仔细校对,消除语法和语言组织错误。

六、传播需求评估的结果

传播需求评估的结果是一件很重要的事,要先作出主要决定,再作出次要决定。主要决定是:该报告是仅供内部使用(例如,仅供组织或机构内的人阅读),还是会给组织或机构以外的广大读者(例如,政府官员和普通读者)阅读。

如果仅供内部使用的话,报告可以写得非正式一点,因为读者范围有限,许多人可能了解需求评估的动机。内部传播可以通过备忘录或电子邮件附件的形式进行,也可以在员工会议上分发并解释报告。内部传播时,对报告内容有疑问的人可以通过内部交流得到非正式回答,可能与项目团队中的某个人一起喝杯咖啡或

108

吃个午餐就解决了。

如果报告会对外公布，那么需求评估报告就要更正式了，在撰写时也要更注重细节。需求评估报告可能在新闻发布会上发布或免费提供给公众。然而，一般公众或媒体可能只读执行摘要，因此你要准备的执行摘要的数量要比完整的报告多得多。

如果你需要宣传，以便让尽可能多的人了解你的需求评估的结果，那么除了举办新闻发布会以外，你可能还要将执行摘要的副本邮寄给广播电台和电视台，以及可能对此感兴趣的社区团体或组织。另外，你也可以在机构的官方网站上发布报告全文和执行摘要，以便读者可以轻松找到它。

七、小结

本章就如何撰写一份需求评估报告提供了指导。接下来，我 109 们将把注意力转向特殊类型的需求评估。第六章将讨论需求评估在组织情境中的应用，即员工培训的需求评估，第七章将讨论大规模需求评估的过程。

第六章

员工培训需求评估

　　本章讨论需求评估在组织情境中的应用,即员工培训需求评估。社会工作者往往在获得社会工作专业硕士学位后就承担起管理责任。对于社会工作管理人员,有必要确定他们拥有或需要什么技能或知识。员工培训需求评估是需求评估的一种专业应用,熟悉组织、员工和方案并有亲身体验才容易开展。本章将提出一个员工培训需求评估规划框架,确定并讨论员工培训需求评估的关键要素。这包括设计程序时应考虑的因素、评估员工培训需求的战略,以及开展员工需求评估的动力。

　　组织方面的问题,如果员工缺口太大,待处理案件过多,往往会影响社会服务机构的长期规划,特别在资源少、要求高、时间短的情况下,社会服务机构经常会出现这种情况。考虑到这些限制性因素,开展员工培训需求评估的想法可能会受到质疑:"何必费事呢?"理事和管理人员常常认为他们知道自己的员工需要什么, 并且他们不用开展需求评估就可以更有效地开展员工培训,他们可能认为需求评估的过程繁琐、笨重,而且成本可能太高。

然而,尽管花时间开展员工培训需要付出额外努力,但从长远来看,需求评估可能对组织具有重要价值。例如,它可以支持专业发展,提高员工的参与度,并为即将到来的组织变革做好准备。员工处理变化的方式受他们对机构资源、工作氛围、案主需求和工作压力等因素的看法的影响(Simpson,2002)。运作不良的组织在实施变革时会遇到更大的困难(Simpson,2002)。让员工从变革一开始就参与进来,可以帮助成功开创新项目或政策所需的配合的工作环境。

系统性规划方法可以提供可靠的数据,有助于提高教育和培训工作的服务质量。研究表明,机构主动评估组织和员工需求的举动,会极大影响员工将新知识从教育培训应用于实践的程度(Milne & Roberts,2002)。充分的预计划和评估可以为机构提供其所需的数据,以指导有关教育内容、教学方法和格式的选择,并帮助衡量员工的接受能力,这些元素都可以帮助组织提供可应用于实践的培训。

一项需求评估既是过程也是结果,因此在发展和实施需求评估时需要考虑许多因素。一个发展良好的、符合机构环境和员工特点的需求评估可以获得一个强大而有用的评估结果。

一、制定需求评估框架

与其他组织战略或变革的尝试一样,有一个指导员工培训需求评估的框架或蓝图是很有帮助的。第二章需求评估第一步为设 112

计需求评估需要处理和考虑的因素提供了基础。本节扩展了这一讨论,并借鉴其他研究成果,探讨了设计以员工发展和培训为重点的需求评估的步骤。这些步骤如图 6.1 所示。

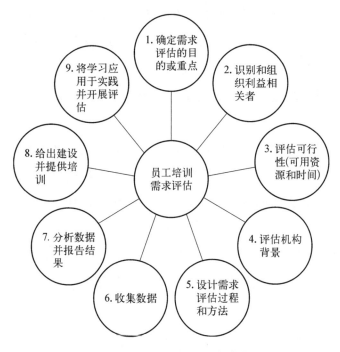

图 6.1 员工培训需求评估步骤

示例 6.1 支持任务改变

　　一般来说,私人诊所提供长期的个人和团体治疗服务。随着管理式医疗服务的出现,对于医生来说,灵活使用短程治疗

模式变得很重要,因为许多案主只报销几个疗程,长期服务无法充分满足他们的需求。在与每位医生深入讨论并进行非正式需求评估之后,可以清楚看出,过去的培训和教育并没有使医生有效地让患者接受短程治疗。需求评估之后,机构制定了一个强化的培训课程,并安排所有医生参加该课程。培训完成后,机构的任务就转变为将短程治疗作为一种治疗方式。

尽管该模型将需求评估的步骤分开来呈现,但你必须记住,实际上,各个步骤之间的界限并不总是那么清晰。在实践中,这些步骤可能会重叠或同时发生。此外,可能需要再开展一次需求评估来评估培训效果,以识别其中存在的问题或缺陷。灵活地进入需求评估的规划阶段,并不断评估其进展情况,将有助于对员工和组织环境的独特需要和情况作出反应。有了这个理解,让我们回顾员工需求评估步骤。

第一步:确定需求评估的目的或重点

需求评估的目的与推动需求评估的环境有关,组织面临的各种挑战是员工培训需求评估的催化剂。这些挑战包括以下内容。

(1)组织任务的转变

社区或消费群体的需求可能会改变,因此已有的服务结构可能不再合适。在这种情况下,如果没有额外的培训,员工可能无法为新的服务方向做好准备。由于技能和经验水平不同,因此,开展

113

114　员工需求评估,以确定员工是否存在知识和技能差距,通过开展培训来解决这些问题,最符合组织的利益。

（2）资金需求的变化

有些机构和项目受拨款、基金会或其他类似来源的资金资助,这些资金资助带有特定的目的,即资金只能用于某些特定目的或满足某一特定群体的需求。机构要在服务这些目的的范围内工作,并在员工的聘用上也考虑这些目的。然而,资金来源也可能发生任务或重点的转变,从而影响接受资助的机构。有种转变可能是现有员工可以轻易接受的,有些则不能。需求评估有助于在新的情况下确定继续提供服务所需的内容。

还有一种可能发生的情况,即常规的资金来源不再可用,机构必须从其他地方寻找资金才能继续运作下去。这时机构就会发现,筹集新的资金可能需要改变提供的服务或服务的人群,或者可能需要增加新的服务以满足资金方的要求。例如,社区精神健康中心收到的常规资金比预期的一个财政年度要少得多,以至于需要寻找新的资金来源。他们已经开通一个危机热线。在此基础上,他们又增加了一条全国性的帮助热线,扩大了他们的业务范围,使该机构获得资金。新的热线需要开展需求评估（焦点小组和讨论）,这反过来又推动了员工培训的变革。

（3）认证要求

服务提供者通常是由外部监管组织认证的,这些外部监管组织负责为具体的服务领域制定实践准则,并监测服务提供者遵守准则的情况（例如，医疗机构由医疗机构认证联合委员会认证）。组织条例的变更可能需要修改或改变工作程序和提供的服务。认证的目的是确保护理质量并向公众保证，服务已经经过充分评估，因此仔细评估员工培训非常重要。如果新的组织条例引起广泛的变化，这些变化对案主的安全、服务的质量或服务的交付至关重要，那么有必要开展需求评估，这是培养和训练员工成功应对这些变化所带来的挑战的第一步。

（4）文化转变或政策变革

组织可能会经历重大事件（例如，案主自杀、寄养儿童死亡等）或存在护理不足情况的记录，这些信息会直接导致实施新政或程序。管理人员会认为需要额外培训来解决技能不足的问题，需要设计不同的干预方案或顺利实施新政。然而，在这种情况下，员工的需求评估是很重要的，原因有以下两点。第一，它为培训方案提供了准确、坚实的数据基础。第二，在需求评估开始时，将员工融入进来，有助于在实施新计划时，增加员工的投入并减少员工的阻力。

示例 6.2　支持实践中的改变

在一家医疗创伤中心，一位管理者发现，部门多位工作人员观察到，在对遭受性侵犯的患者开展常规治疗时，只提供常规护理程序，而不提供支持性咨询。进一步观察发现，有两名

工作人员为患者提供了支持性咨询。这两名工作人员是专门招募进来帮助解决和纠正这一问题的。他们评估了其他团队成员,以更好地了解为什么机构不提供支持性咨询,并询问其他工作人员是否具备提供支持性咨询所需的具体技能。这项评估认为,技能不足和时间压力是导致不提供支持性资源这一问题的根本原因。这两名工作人员针对团队工作人员较薄弱的技能,设计、开发了一个培训课程,创建了工作人员在高工作量、高压力工作日与病人一起工作时可以遵循的脚本和干预大纲。为了支持这种改变,这两名工作人员还为工作人员提供持续的资源支持。

116　　　**(5)战略规划和服务拓展**

机构提供的社会服务受许多因素影响,包括当地危机、社区内不断变化的人口结构、经济状况,以及不断变化的案主需求。战略规划是一种经常使用的管理战略,有助于展望一个组织的未来,并延续其增长和发展(Chrislip,2002)。有时,战略规划需要进一步投入人力资源才能实现目标。在这种情况下,需求评估是有帮助的。

员工培训需求评估也有助于确定新的社区需求,尝试开展新的治疗模式。在开展新的治疗模式之前,需要先确认员工的培训需求,使员工可以作好充分准备。如果要评估治疗模式本身的有效性,采取这一附加步骤就特别重要,有针对性的员工培训有助于确保治疗的完整性,也有助于减少员工准备不足可能对治疗结果产生的不良影响。

（6）组织缩减和重组

资金削减和任务改变可能需要缩减员工和服务或重组员工责任和工作职责。这些情况可能会使留在组织中的员工承担新的工作职责,而这些新的工作职责可能与他们最初受雇履行的工作职责大不相同。此外,面对资金削减的情况,组织更需要那些除了能履行主要工作职责以外,还多才多艺并且受过交叉培训的员工。工作岗位或职责的变化表明,需要全面评估员工的准备状况以及他们作出所需转变的能力。

（7）员工充实措施

组织可以安于现状,员工也可以对现状感到自满。虽然这种情况可能会减轻压力,但员工可能会错过成长和发展的机会,也不会作好面对新挑战的准备。专业发展可以被看作员工充实措施,有助于改善员工的精神面貌。员工需求评估可以使员工明确提出他们希望发展的工作内容和技能领域。这种评估也可用于确定教育障碍和首选培训战略(此类需求评估的例子见附录)。

第二步：识别和组织利益相关者

米尔恩和罗伯茨(Milne & Roberts, 2002)制定了员工培训规划的重要步骤,并指出,第一步就是通过召集关键员工和重要的利益相关者,在工作场所获得支持。确定谁适合进入需求评估小组,

117

某种程度上取决于问题的性质以及组织的动态和结构。可能的利益相关者包括对这一问题有贡献的和受这一问题影响的人,他们拥有解决方案或计划所需的专业知识或信息,有权支持或阻止该项目(Chrislip,2002)。为了设计一种最有可能提供良好信息的需求评估方法,利益相关者应从不同角度看待问题并参与其中。因为员工的合作和认同(包括员工在规划过程开始时的建议)是将培训内容成功应用于实践的关键。此外,还应考虑个体参与者的想法。个体参与者的特点、工作习惯和委员会规模都会影响小组的工作效率。

第三步:评估可行性

如前所述,与项目可行性相关的因素都需要考虑进来,例如,需求评估的预算金额、人力资源的可用性、待解决问题的紧迫性和时间限制。在规划的早期阶段,可以对这些内容进行"现实检查"(reality check)。确定可用资源并定义需求评估的限度和范围,这将为那些计划开展需求评估的人提供必要的帮助。

第四步:评估机构背景

在制定和实施员工培训需求评估之前,开展更广泛的评估有助于探索环境特征。米尔恩和罗伯茨称这一过程为"组织需求评估"。在这一过程中收集到的信息可以帮助规划者了解现实图景,即资源、障碍、员工和组织的优势或限制,有助于后续员工需求评估(Rowan-Szal,Greener,Joe,& Simpson,2007)和成功实施之后开展培训工作(Courtney,Joe,Rowan-Szal,& Simpson,2007)。

正如第三章所讨论的,需求评估的方法有很多。你所选的需求评估方案应与组织和机构情况相一致。在设计需求评估方案时,需要考虑和评价环境和组织要素,下文将探讨这些要素。在检验这些因素时,请记住,在需求评估之前,组织的重要属性可能并不为人所知或理解。如果是这种情况,那么需求评估本身就可以作为收集可能影响培训的环境特征的重要信息的项目(Rowan-Szal, Greener, Joe, & Simpson, 2007)。组织方面,有六个因素可能影响员工的需求评估。

(1)组织愿景、使命和目标

机构和员工的个人目标应符合组织的愿景、使命和目标,需求评估的实际内容应考虑到这些组织因素,以便员工的反应与机构的需求和未来相关联。例如,如果该机构的使命是为无家可归者提供安全保障以及将其转介到其他机构以满足其特殊的服务需求,那么该员工是否对眼动脱敏与再加工疗法(eye movement desensitization and reprocessing therapy)感兴趣这样的问题,可能会使员工对该机构的使命感到困惑,使部门偏离该机构的重点方向而非向前发展。重新审视组织的愿景、使命和目标创造了检查多年来可能发生的任务偏离(Brody, 2006)。在构建需求评估之前,澄清组织的愿景、使命和目标有助于收集有用的信息和相关的信息。

(2)组织文化与价值观

组织文化体现了组织传统、态度、核心价值观和实践。组织文化会影响员工的行为、员工的想法和员工的信念。在设计需求评估的问题和流程时，需要考虑既定的组织文化和价值观。该过程应符合工作人员关于事情该如何开展的期望，从而为需求评估中工作人员的投入和数据收集工作提供支持。在这种组织文化中工作，员工对项目的信任和认可较高，项目面临的阻力较少，可以提高数据的可靠性和准确性。

（3）领导风格

除了组织文化和价值观之外，理事的领导风格也会影响员工的表现和与工作相关的行为和信念。理事在塑造员工对（组织中有价值的和可接受的）事物的看法方面发挥着主要作用，理事的领导风格可以极大地影响组织的基础建设（Brody，2006）。虽然不同情境需要不同的领导风格，但是管理者和监督者的领导风格可能是一贯的，而不是变化的，这可能会影响沟通和互动的模式。领导风格也可以提高员工对工作环境的期望。在设计需求评估时，需要考虑"领导风格"这一变量，并将领导风格记在心中，这有助于开展需求评估，使需求评估过程像日常工作的延伸一样自然进行，这也能增强员工对工作的信任，使获得的数据更准确。

在文献中，有不同的用于描述领导风格的术语。布罗迪（Brody，2006）提出三种领导风格：指示型（directive）、参与型（participative）和委托型（delegative）。这三种领导风格区分出领导和员工之间不同的权力和权威，这是在选择评估策略时必须考虑的一个情况。一个指示型领导者将保留决策权，一个参与型领

导者在作出决策前将征求员工的意见,一个委托型领导者将放弃
决策权,并赋予员工决策的权力。在制定需求评估计划并开展需
求评估时,研究者应考虑机构行政结构中主要的决策方法。记住,
为了获得可靠的资料,员工需要足够信任整个评估过程。如果机
构常见规范是员工参与部门决策,那么在没有员工参与的情况下
开展需求评估可能会遇到阻力和员工不投入工作的风险。

(4)与工作环境特征的兼容性

需求评估的方法包括观察员工、焦点小组、个人访谈、员工调
查,以及与外部专家进行磋商。这些方法在所需资金、评估的范
围、所需员工时间和参与程度等方面各不相同。在决定评估方法
时,这些要素都需在工作情境中加以考虑。

例如,如果一位理事希望对 120 名在一家繁忙的医院里三班
倒工作以提供日常服务的员工开展需求评估,最好的评估方法可
能是利用书面调查的方法。书面调查所需时间较少(考虑到这些
医院员工已经非常繁重的工作),并且可以让每个员工都有机会参
与调查(即使轮班工作,他们也能参与)。另一个例子是,一个小型
社区精神健康中心的治疗团队由一名理事和七名治疗专家组成,
他们每周召开一次员工例会,对于他们来说,通过焦点小组来确定
培训需求更自然。

(5)员工动力

由于员工需求评估的目的是获得员工发展和培训需求的可靠
的资料,因此考虑可能影响员工资料准确性的员工动力,是非常重

121

要的。例如,让我们回头看前面那个小型社区精神健康中心治疗团队的例子。乍一看,最佳的需求评估方法似乎是焦点小组。然而,在评估团队动力(团队合作方式和彼此关联的方式)时,假设外部研究者观察到团队中的两位治疗专家主导员工会议并恐吓其他人,那么,只有这两位治疗专家会在员工会议上发表他们的想法和意见,其他治疗专家并没有体验到分享想法和意见或提出问题所必需的接纳、安全和信任。在这种情况下就不能使用焦点小组了,因为该方法无法从参与者那里获得可靠的资料。尽管员工规模很小,但是用保密调查的方法询问在沟通和团队合作领域可能存在的培训需求可能是一个更好的选择。团队动力极大地影响着工作环境的开放性以及团队内部共享信息的质量和数量,在规划员工需求评估时必须考虑这些因素。

(6) 需求评估的意图和动机

虽然员工培训需求评估的最终目的是确定集中培训的领域,但开展需求评估的意图和动机可能有所不同。如前所述,需求评估可用于:(a) 确定在观察中注意到的某些问题的严重程度;(b) 确定提高员工动力的专业发展领域;(c) 在面临组织变革时,盘点员工能力和知识方面的优势和劣势;(d) 挑战现状,提高所提供服务的深度或质量。在设计这一评估过程时,也需要考虑需求评估的动力。

例如,如果一名主管希望通过增加专业发展机会来增强和充实员工能力,那么最好从规划的第一步就把员工代表包括在内,以便他们参与充实和赋权员工的决策和规划进程的各个环节。一个人做决定的方式和让他人参与（或不参与）的方式传达了他的价值观和领导风格，并影响员工对组织文化认知和对组织价值评估。描述员工通过行动展示他们在该项目中的作用和重要性的过程，也有助于加强员工对项目的投入和贡献。

第五步：设计需求评估过程和方法

正如前文所强调的，员工的认可和投入对于获得准确的资料和成功识别员工知识和技能的不足都是必要的。重要的是，请你记住，需求评估的终点不是收集资料，而是利用资料解决问题，提高员工的业绩和服务质量。为了实现这一目标，培训和后续提供的服务之间相关至关重要。虽然我们建议让员工尽可能多地参与规划进程的每一步，但员工参与的程度可能有所不同，最佳策略可能并不是强调员工参与整个规划进程。下文讨论的某些情况表明，应根据需要处理问题的本质和范围、情况的紧迫性，以及需求评估背景的特点和动态，采用不同的方法。每次设计需求评估时，重要的是针对一个独特的问题开展评估，以便选择最佳的策略，并给员工提供尽可能好的可以全身心投入的环境。

下面将回顾不同的规划和管理方法。我们先从所需员工数量最少的方法开始。

（1）"自上而下"的管理方法

在"自上而下"的管理方法中，理事设计了一个需求评估，不需要或只需要很少人的帮助。决定执行"自上而下"的管理方法是对

123

审查现有机构材料,重点存在的需求(例如,实施非常具体的政策变革)或应对紧急危机情况的反应,这些情况有很强的时效性(例如,在护理人员准备罢工期间,社会工作者可能需要将护理工作外包给医疗系统内其他医院以避免停工)。利用"自上而下"的管理方法开展需求评估,可以迅速制定计划,实施评估,因为这种方法不需要建立共识或展开讨论。应慎重考虑用这一方法作出的决定,以便有效地利用这一决定,而不损害部门文化。成功使用这种方法要求管理者对理解问题和需求评估所需的知识和技能的判断充满信心。

建立一致的"自上而下"的需求评估管理模式,将理事置于"专家"的角色,可能会降低员工投入的热情,使员工的工作价值感降低。这会影响员工工作的积极性,难以实现改进工作的目的。如果管理者在不征求其他人意见的情况下就对问题作出判断,这会增加错误认知的风险。邀请员工参与决策是对员工赋权,增加员工对问题的了解,更投入地解决问题,增加员工的主人翁意识。

124　　(2)团队规划

在不同服务领域有多名管理者负责的情况下,有机会建立一个包含各种观点的需求评估项目。特别是,如果这些管理者来自不同的学科(如社会工作、心理学、康复、职业治疗等)。从不同的角度看问题可以更彻底地了解问题。团队规划的管理方法比"自上而下"的管理方法更依赖管理团队的投入,但同样只反映管理者的观点,并且是一个"由外向内"的视角。对于信任度高、管理者和员工之间关系良好的组织来说，这可能是一个切实可行的方法，因为员工对代表他们观点的管理者满意。如果管理者或员工之间没有建立这种信任关系，但却需要一种团队合作的办法，那么最好采取让员工直接参与规划进程的策略，如下文将讨论的协作委员会或团队过程模型的管理方法。

（3）协作委员会

协作委员会负责设计和监督需求评估进程。根据参加需求评估员工的组合方式，协作委员会可由同一学科的代表组成，也可由受变革或问题影响的不同学科的代表组成。协作委员会的管理方法与团队规划的管理方法的主要区别在于，协作委员会的管理方法允许员工参与，而不管他们在组织中的地位如何。董事、管理者和直接服务的员工都可以成为协作委员会的代表。因此，在规划需求评估时，每个代表都有发言权。通过回答这个问题，即"哪些员工对于成功实施变革至关重要？"，可以确定协作委员会的学科构成。如果这个问题的答案是组织内部不同学科和不同责任级别的员工对成功实施变革都至关重要，那么最佳的协作委员会组成应该反映这种多样性。虽然协作委员会的管理方法允许员工参与需求评估规划，但如果需要员工参与更多，并且问题对一个部门或一个团队有重要影响，那么团队过程模型的管理方法可能是一个更好的选择。

（4）团队过程模型

团队过程模型是一种既符合参与型领导风格又符合委托型领

导风格的管理方法,在规划需求评估的第一步就让员工参与进来。一旦确定问题领域,立刻要求员工参与需求评估的规划进程。员工与管理层一道努力,完善问题的定义,评估需求评估的可行性,讨论评估小组所需成员,提供他们对组织背景的理解,并协助设计、执行和传播评估结果。管理者的实际投入和角色可能因员工在需求评估和培训项目中的职能和投入的不同而有所不同。例如,在一些团队中,管理者和员工可能对项目的规划和执行承担同等的责任,管理者保留最终批准权。然而,在其他一些团队中,高级员工可能拥有很大的自主权并且投入其中,在必要情况下,这些高级员工可以在管理者的指导和支持下承担大部分责任。

团队过程模型可能需要更多的规划时间,因为需要有意识地让员工最大限度地参与进来。然而,这些时间方面的付出可能是非常值得的。除了开展全面的、有针对性的需求评估外,员工的参与还可以为一个项目的成功造势,获得员工的支持。

团队过程模型要求管理者能识别那些受到同龄人尊敬并具有良好人际关系和沟通能力的关键员工。通常,管理者要向全体员工发出公开邀请,使感兴趣的员工都有机会参与进来。因此,员工参与规划过程,积极作出决定,并在其他员工和管理者之间充当联络人的角色。他们通过自己的观察和经验协助管理者确定问题,并能够从同事那里获得意见。

虽然团队过程模型不是一种纯粹的“自下而上”的管理方法,

126

但它是一种民主的管理模式，它坚定地依赖员工，让员工确定培训需求和需求评估的重点和过程。大多数员工培训需求评估将保留一种"自上而下"的方法，因为需求评估的过程需要管理者的支持和组织的资源才能得以实施。本章前面描述的"示例2　支持实践中的改变"说明了此情况下团队过程模型的管理方法。团队过程模型应用于需求评估时的具体步骤见图 6.2。

第六步：收集数据

收集数据与项目所选的过程和评估方法直接相关（关于设计需求评估、抽样方法和需求评估步骤的内容，见第三章）。收集数据时应考虑以前考虑过的所有要素，以确保收集数据的准确性。收集数据的预期结果是，你收集到受该问题影响的员工的最强有力的数据。这有助于确保由数据推动的培训工作能够达到目标，并能准确地了解人员或组织方面的缺陷。

第七步：分析数据并报告结果

你选择的数据分析方法取决于在需求评估中收集的数据的类型。第四章讨论了这一问题以及与数据分析有关的其他注意事项。在解释数据和为撰写报告准备数据时，重要的是，你要记住你撰写的报告的目标读者和项目的目的，以便以有助于开展员工培训工作的方式总结和呈现数据。由于数据是从员工那里获得的，因此员工也必须收到调查结果并且是报告的读者之一。这有助于保持需求评估进程的透明度，并促进员工在需求评估进程中的主人翁意识和投入程度。

127

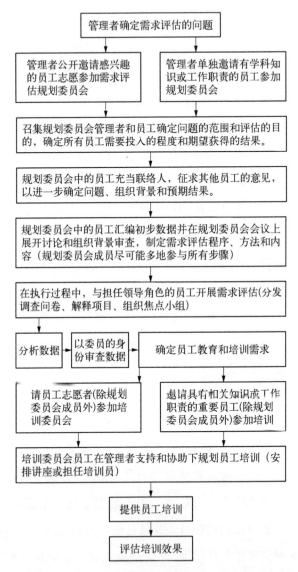

图 6.2 员工培训需求评估团队过程模型的步骤

第八步：给出建议并提供培训

一旦完成对数据的分析和解释，就应该明确培训工作的方向。你回想一下团队过程模型，你会发现，一旦确定实际的培训需求，员工的参与就不会停止。尽管不同管理方法的重点各不相同，但还是建议尽可能多的员工参与需求评估的规划过程。如果需求评估结果表明存在专业培训的需求，由管理者单方面宣布这一结果，员工可能会采取防御性的做法，不愿意配合，这一点尤其要注意。

例如，在一个社会服务机构中长期从事人力资源服务的员工团队，其核心职能将因机构重组而发生重大变化。这种工作职责的转变需要一套基本技能，他们都受过培训，但由于当前的工作重点，导致他们多年来一直没使用过这些技能。在管理者的支持下，要求员工志愿者设计培训内容和教学方法，以帮助员工掌握这些一直没使用的技能。请员工志愿者参与培训设计，有助于以员工可以接受的方式提供培训课程。这也降低了员工误解管理者动机或意图的可能性。这个员工培训的例子说明，不仅在整个需求评估过程中，而且在后续培训方面，不将管理者和员工看作对手，而将他们看作同一团队的成员，这很重要。

第九步：将学习应用于实践并开展评估

需求评估和员工培训的共同目标是改善服务。在组织结构内将学习转化为专业实践需要规划、持续支持和评估付出的程度。现阶段，在员工参与和授权员工方面所花的时间越多，越能增加员工对需求评估和培训课程的接纳和投入程度，越会带来更大程度的变化。参与这一过程的员工通常都有学习新知识的动力。

129　　　如果培训课程一开始就有明确的、可衡量的目标和目的,那么就更容易监测培训工作的有效性了。这些目标和目的可以付诸实践,并且可以用来制定评估培训的监测指标。监测指标应该是明确界定的,可以进行客观测量并且受培训影响。你可能需要选择多个监测指标以全面监测进展情况。如果在培训前获得监测指标的基线,那么更容易评估变化。示例 6.3 展示了目标、目的和监测指标的构建。

示例 6.3　评估培训:目标、目的和监测指标

你可能还记得,示例 6.2 中确定的问题是一家医疗创伤中心给遭受性侵犯的患者提供的支持性咨询不足。以下是为此制定的目标、目的和监测指标的例子,用来处理工作人员需求评估的调查结果。

目标:增加社会工作者为遭受性侵犯的患者提供的支持性咨询。

目的:工作人员提供支持性咨询,并用百分比的形式将完成任务情况记录在案。

监测指标:

a. 审核社会工作者文件(活动清单)和记录的完成任务的百分比。

> b. 审核社会工作者文件（叙述性摘要）以核实是否提供支持性咨询。
>
> c. 收集和审查病人满意度资料。

回顾培训后获得的数据可以让你得出结论，即问题或需求已经得到解决，不需要采取进一步行动。相反，评估工作可能会发现一些新的问题，或者需要额外的培训才能充分满足的需求。这些评估结果可能表明，需要再次开始需求评估进程。事实上，米尔恩和罗伯茨（Milne & Roberts，2002）提出了一个支持这一循环过程的教育和组织需求评估模型。

二、小结

在本章中，我们提出了一个员工培训需求评估的组织模型，允许员工和管理者共同规划和开展员工培训需求评估。在社会工作者的职业生涯中，很可能有许多开展培训需求评估的机会，这一评估可能对社会和人类服务机构有帮助。有时，机构可能需要开展一个规模比单个机构大得多的需求评估。第七章将回顾一个在全州范围内开展的大规模需求评估的例子。

第七章

大规模需求评估

本章呈现一个用前几章介绍的概念开展的大规模需求评估的例子。此外,本章还讨论了大规模需求评估面临的一些独特的挑战。本章的目的是给读者展示一个从开始到结束的完整的大规模需求评估的过程。具体而言,本章描述了州物质滥用治疗需求评估的规划、资料收集和传播三个阶段。

一、规划

1. 目的和影响/效用

与其他需求评估一样,本章呈现的例子从一系列问题(见第二章)开始。第一个问题是:确定需求评估的目的以及如何使用信息。

几年前,负责物质滥用治疗服务的州机构要求其中一位发起人开展大规模需求评估研究。每年,各州都会收到专门用于预防和治疗物质滥用服务的联邦资金。这笔资金是以资助预防和治疗物质滥用项目的形式,从物质滥用和精神健康服务管理局获得的。

一个州收到的资金数额与该州的特点（例如，该州目前需要接受物质滥用治疗的居民人数）有关。肯塔基州开展全州治疗需求数据收集工作已有几年。因此，需求评估研究的主要目的是提供肯塔基州有物质滥用治疗的需要但实际上没有接受相关治疗的人数的最新估值。换言之，这种需求评估侧重于了解服务需求的估值，而不是服务的可用性、可及性或可接受性（见第一章）。

机构最感兴趣的是获得两组物质滥用治疗需求的估值。第一，肯塔基州需要针对治疗需求开展州级评估，以便肯塔基州能够获得必要的信息，以获得年度拨款。这些更新后的估值还将说明自上次全州开展需求评估以来，物质滥用治疗方式的变化情况。第二，肯塔基州想要了解县一级物质滥用治疗的需求。肯塔基州有 120 个县。许多居民特别是农村居民，对自己所在的县要比对自己所在的镇更有认同感。大部分的健康和社会服务以及公立学校都是在县一级管理的。此外，县一级的数据将向各县提供关于其物质滥用治疗需求的信息，以及与周边县的对比情况。由于这些原因，州一级有兴趣获得县一级的数据。州一级的机构为该项目提供了财政支持和 15 个月的时间期限。

2. 组建团队

一旦确定了需求评估的目的、时间和可用资源，组建团队就成为规划过程中的下一个步骤。组建一个由 6 个人组成的多学科团队，每位成员都拥有不同的技能和经验。第一位小组成员是一名社会工作者，他拥有国家级物质滥用研究和政策方面的专业知识。133

第二位小组成员是一名社会学家，他有设计调查和研究基于人口的研究问卷的经验。第三位小组成员有与物质滥用治疗案主合作的临床经验，并接受过流行病学研究生培训。第四位小组成员曾在肯塔基州担任物质滥用治疗项目管理员。第五位小组成员是一名擅长研究方法和数据分析的心理学家。最后一位小组成员是一名担任研究助理的研究生。

该团队每月召开数次会议，规划需求评估研究，并确定每个人在研究中的角色和责任，包括承诺需要付出的时间。该团队决定以"肯塔基州需求评估项目"（Kentucky Needs Assessment Project）的名义开展需求评估。团队中的一位小组成员被任命为科学领袖或首席调查员，负责监督项目的各个方面，确保有效利用资源并实现项目目标。另一位小组成员担任研究主管，在写作和数据分析方面作出贡献。还有一位小组成员专注于设计研究样本和研究工具。其他两位小组成员（自发）担任顾问，负责审查工具和起草最后的需求评估报告。最后，担任研究助理的那名研究生负责帮助团队汇编相关研究文献以及所有与项目有关的文件，包括最后的项目报告。

团队最初的任务之一是创建一个项目时间表。创建时间表的过程帮助团队思考需要完成的任务、完成任务的顺序，以及完成这些任务所需的时间。"肯塔基州需求评估项目"时间表如图 7.1所示。

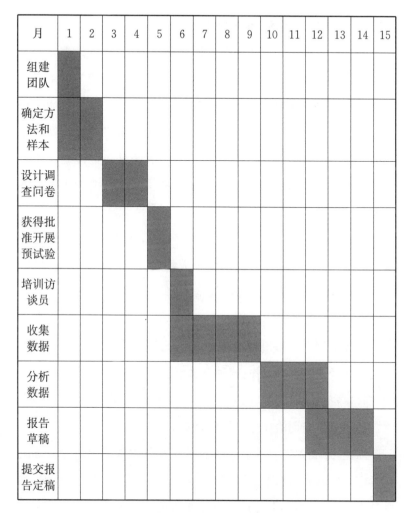

134

图 7.1 肯塔基州需求评估项目时间表

3. 确定方法

随着团队组建完成,团队开始讨论如何利用州机构为该项目提供可用的时间和资源,最好地实现需求评估的目标。

大规模需求评估与其他需求评估有不同的特征,最重要的不同也许是,大规模需求评估是估计需求,而不是了解真实需求。要在日托中心或当地社区开展需求评估,比较现实的做法可能是获取每一个人的信息,评估他们的个人需求,然后简单地将有特定需求的人数相加,得到最终的数字。虽然这种方法可以准确反映有特定需求的人数,但这不总是一种实用的方法,特别是对大规模需求评估而言。

例如,在开展肯塔基州需求评估项目时,肯塔基州的成年人数量为 310 万。要想获得最准确的个人物质滥用治疗需求的人数,我们要对 310 万名成年居民中的每一位开展评估。假设评估每个人需 20 分钟,那么评估 310 万人就需要 6 200 万分钟。换言之,6 个团队成员每个人必须连续开展近 20 年的评估才能完成。抛开惊人的噩梦般的后勤工作,这种方法可能无法提供确切的结果,因为在收集资料的时间中,由于文化、人口和经济条件的变化,整个肯塔基州物质滥用治疗需求可能会发生变化。

因此,开展大规模需求评估的研究人员常常采用估计的方法来确定人口的需求水平。具体而言,从较小的样本中收集数据,然后分析数据,以确定需要接受特定服务的个体的百分比——在我们的案例中是有物质滥用治疗需求的个体的百分比。然后,将从较小的样本中获取的有需求的个体的百分比应用于较大的人口,以估计有需求的个体的人数。毋庸置疑,研究团队很快同意,估计

135

方法是确定全州物质滥用治疗需求人数的唯一可行的办法。我们知道,必须从成年肯塔基州居民随机的和有代表性的样本中收集数据,才能得到对物质滥用治疗需求的可靠估计。接下来,我们将正式定义样本。

4. 定义样本

需求评估的主要目的是估计需要但没有接受物质滥用治疗的成年肯塔基州居民的人数。首先,我们需要决定把谁包括在样本中。我们创建了一个入选名单或者说资格标准。因为需求评估的目标是估计成年人物质滥用治疗需求,所以我们排除了 18 岁以下的人。我们还决定,只有肯塔基州的居民才能被纳入样本。一个更复杂的决定是,我们只选择有固定住址的成年肯塔基人,排除无家可归者、被监禁者或群居者(如住在宿舍或养老院里的人)。之所以决定只选择有固定住址的成年人,有以下两个原因:第一,我们在研究文献中发现了一个如肯塔基州需求评估项目一样的大规模研究的先例,这项研究只对家庭抽样。第二,在抽取其他生活环境的人群时存在无数挑战,并导致一种可能性,即一个人不止一次被抽中(例如,一次在家里,一次在监狱中)。也就是说,我们理解,不包括这些其他生活环境的人会限制研究,因此,我们在最后的项目报告中也一定会清楚地说明这一点。

在决定抽样对象后,我们必须决定样本中应该有多少人。许多因素在这个决定中起作用。第一个因素是可用的时间和资源。第二个因素是收集数据的方法(稍后描述)。第三个因素是我们想

136

要对物质滥用治疗需求作出多精确的估计。

　　评估的准确性或估计接近实际需求的程度,取决于样本以下三个相关特征:第一,用来计算需求百分比的样本应该是通过随机抽样的方法抽取的。换句话说,研究人群中的每一个人被选为研究对象的机会都应该是相等的(见第三章)。

　　第二,样本应该能代表所研究的较大群体的总体。如果样本不能代表所研究的群体的总体,那么就不能对总体进行概括。想象一下,如果我们决定连续四周在周一早上通过采访附近酒品商店前10位顾客来获取肯塔基州需求评估项目的数据,那么很有可能,这个样本的药物滥用治疗需求水平与真正随机的和有代表性的肯塔基州成年人样本的需求水平有所不同。或者,如果我们从容易抽取样本的角度考虑,只对一个地方的居民开展随机抽样调查,那会怎么样?我们可以将我们的研究结果推广到这个地方的居民,但可能无法将其推广到其他地方的居民,那里居民有不同的人口特征(例如,社会经济地位、教育水平和种族都不同)。

　　第三,样本应该足够大,以减小误差范围。一种考虑误差范围的方法是考虑样本的随机性和代表性。如果样本是随机的和有代表性的,那么随着样本数量的增加,调查评估结果的准确度也会增加,误差范围就会减小。另一种考虑误差范围的方法是考虑一个人有多大的信心,使估值反映有需求的人的真实数量(想要了解关于误差范围的更多信息,请见 http:www.whatisasurvey.info/)。

　　回顾一下,在开展肯塔基州需求评估项目时,机构想要获得州县两级物质滥用治疗需求的估值。为了获得县级物质滥用治疗需求的可靠估值，我们通过计算得出，要从每个县随机选择数百名成年居民作为样本，对其进行调查。记住，肯塔基州有 120 个县，因此需要完成近万次访谈，才能获得合理的、可靠的估值。

由于资源有限，我们不可能在县一级开展调查，因此我们进一步妥协，在比县高一级的行政区域开展物质滥用治疗需求调查。我们通过肯塔基州 14 个精神健康和智力障碍中心实施行政区域调查。每个行政区域由一组相邻的县组成，每个县只属于一个行政区域。因此，这些行政区域的划分是有地理意义的，基于行政区域开展的调查可能比随意设立调查区域更有效。

为了在州和行政区域水平上提供可靠的估值，我们决定，通过随机分层的方法抽取样本。换句话说，我们决定分别在每个行政区域抽样，而不是随机对整个州进行抽样。这样，被调查者的数量和估计的误差范围就可以在各行政区域之间进行比较了。基于分层抽样设计和可用资源的考虑，我们确定每个行政区域至少抽取 286 名调查对象，这会导致在行政区域一级结果的误差范围不超过±5.75％。

5. 确定资料收集的方法

收集资料的方法越来越多，每种方法都有优缺点。邮寄调查对研究人员很有吸引力，因为只要小小的一张邮票，就可以联系到许多数千里以外的人。然而，邮寄调查的回收率相对较低，并且可能会出现各种数据质量问题。例如，邮寄调查无法控制实际完成

138

调查的人数,如果特定调查项目的回答存在问题,也无法请调查对象予以说明,而且某些群体(例如,失明者或文盲者)可能会在不经意间被排除在样本之外。因此,我们决定不采用邮寄调查的方法。

随着网络和电脑的发展和普及,电子数据采集的方法也应运而生。与邮寄调查类似,电子邮件和网络调查也越来越多地用于收集个人资料。这种方法的成本甚至比邮寄调查还低(不用邮票!),但也受与邮寄调查相似的问题的困扰。例如,并不是所有居民都能随时上网,甚至并不是所有人都会用电脑。

在需求评估中,还要考虑面对面访谈。美国全国性毒品使用和健康调查用的就是面对面访谈的方法。具体来说,他们采用了一种电脑辅助个人访谈(computer-assisted personal interview)的方法,即在预先编好程序的笔记本电脑的辅助下,研究者与随机选择的家庭中一两个居民进行面对面访谈,笔记本用来辅助访谈和现场录入资料。虽然这一办法有许多优点,但它的主要缺点(所需成本和时间较多)导致它无法成为我们收集数据的方法。

虽然我们无法使用面对面访谈的方法开展我们的调查,但我们确实曾考虑用美国全国性毒品使用和健康调查的数据来强调肯塔基州关于物质滥用治疗需求的问题。使用二手数据有几个优点(见第三章)。首先,我们能从电脑辅助个人访谈的方法中受益,而不必承担实际的相关费用,这可以节省相当多的时间。其次,该项全国性研究有各州的数据,这使我们能够将肯塔基州的基准数据和其他州的数据进行比较。然而,一个主要的缺点使我们不能将

139

该项全国性调查数据作为我们主要的数据源。如前所述,我们希望能够比较肯塔基州 14 个区域的物质滥用治疗需求。为了实现这一点,我们需要一个按行政区域划分的随机分层样本,每个行政区域要有足够数量的调查对象,以便能进行可靠的估计。当时,该项研究仅包括肯塔基州 602 名成年人样本,而且抽样计划也不是基于行政区域。即使该项全国性研究是从每个行政区域抽取的样本,由于个别行政区域的估计只基于 43 个样本的反应,因此误差幅度超过±15%。

我们最终确定的收集需求评估资料的办法是电话调查。电话调查有面对面访谈的优点,也有其他调查方法的一些缺点。然而,与面对面访谈相比,电话调查还是有一些优势的（McAuliffe et al., 1998）。在大规模调查中,电话调查的成本往往较低,在收集资料时有更多的机会对访谈员进行监督,更安全,更隐私,也更容易管理。电话调查还可以为调查对象提供更大的匿名感,这在议题敏感(例如,了解调查对象物质使用和治疗需求)时非常重要。基于这些原因,我们最终选择了电话调查的方法。

鉴于要在整个肯塔基州开展需求评估调查,因此需要找一个有基础设施的地点,以便开展数千次的电话调查工作。我们联系了当地大学的调查研究中心,后者同意分包这项收集资料的工作。将电话调查的工作分包给调查研究中心有几点好处。第一,调查研究中心已经有开展电话调查的经验,也对员工进行过培训,因此,只需再简单培训一下,调查研究中心的调查员就可以开始新的调查了。第二,调查研究中心有从电话号码库中抽取样本的经验,并可根据特定调查需求定制此活动。第三,也许是最重要的,大型的调查研究中心有一个电脑辅助电话访谈(computer-assisted telephone interview)系统,该系统可以收集有效的和可靠的资料。电脑辅助电话访谈系统的其他优势将在下面"资料收集"的部分讨论。有关在时间、资源和专业知识有限的背景下确定资料收集方法的进一步讨论,请参阅本书第三章。

140

6. 编制问卷

幸运的是,美国联邦政府曾开展过一项包括肯塔基州和其他一些州在内的物质滥用治疗需求评估调查,可供我们参考。我们从美国民意研究协会(American Association for Public Opinion Research)获得了开展调查研究的最佳实践做法。

开展调查研究的最佳实践做法:

- 有具体目标。
- 考虑替代方案。
- 选择能很好代表研究总体的样本。
- 利用研究设计来平衡成本和误差。
- 重视问卷中问题的措辞与所测量的概念和所研究的人群之间匹配。
- 提前测试问卷和程序。
- 在访谈技巧和调查主题上认真培训访谈员。
- 检查每个阶段的质量。

- 在伦理许可范围内,最大限度地提高被试的应答率。

- 使用恰当的统计分析技术。

- 制定并切实履行保密的承诺。

- 公开全部调查方法,以便评估和重复。

由于肯塔基州的机构对"物质使用和治疗需求如何随时间变化而变化"这个问题感兴趣,因此肯塔基州先前开展的调查中的许多问题被保留下来,以便后续直接比较这两项调查结果。当然,新的调查也作了多处改动。在开展需求评估之前的几年里,两种药物成为肯塔基州的主要问题。第一种药物是盐酸羟考酮控释片剂(OxyContin)。这种药物经常出现在新闻中,新闻报道的焦点往往是肯塔基州东部阿巴拉契亚地区居民对这种有止痛效果的处方药的高上瘾率。第二种药物是甲基苯丙胺(methamphetamine),这种药物在肯塔基州西部地区越来越成为一个问题。为了获取有关这两种药物使用的信息,我们在调查问卷上增加了几个新的问题。

为了确保调查问卷包括所有需求评估问题,我们必须确保调查问卷的问题围绕肯塔基州需求评估项目物质滥用治疗需求这一主要目标,而删除与主要目标无关的问题。最终版的调查问卷共包含 270 个问题。然而,很少有人会回答所有的问题,因为只有当调查对象在回答前面的问题时选了特定的选项,他们才会回答更多相关问题。例如,如果一个调查对象在回答关于饮酒问题时,选择了"从未饮酒"这个选项,那么她就不用回答"在过去 30 天饮酒的天数"等与饮酒有关的后续问题。

141

此外,还要考虑调查对象可能不懂英语。在查阅了肯塔基州居民使用的主要语言后,我们确定,最可能遇到的非英语语言是西班牙语。为了解决这一潜在的语言障碍,我们与两位西班牙语翻译者合作,将调查问卷转化为西班牙语。第一位西班牙语翻译者先将英语版调查问卷翻译成西班牙语,第二位翻译者再将西班牙语版的调查问卷回译为英语。这两项工作独立进行。需求评估团队和翻译者对比原始英文版调查问卷和回译英文版调查问卷之间的差异,发现这些差异主要是西班牙语含义的细微差别造成的,很容易解决。

7. 获得机构审查委员会批准

由于肯塔基州需求评估项目是一项需要收集人类参与者资料的研究,调查和研究方法必须得到机构审查委员会的批准(见第二章)。事实上,两个独立的机构审查委员会必须审查肯塔基州需求评估项目——一个在大学,一个在州政府。机构审查委员会的重要职能是确保人类参与者不因参与一项研究而受到伤害。机构审查委员会审查、批准并监督涉及人类参与者的研究方案,以及其他类型的研究。机构审查委员会和研究人员必须遵守美国健康与公众服务部有关人类学科保护的重要信息。

二、资料收集

1. 培训和试测

在研究开始时,要求访谈员与需求评估小组成员一起参加一个 4 小时的项目培训。在培训过程中,培训者向访谈员和需求评估小组成员介绍研究目标,大声朗读调查问卷并展开讨论。之后,访谈员结对进行模拟访谈,直到每个人都完成一次完整的访谈。一旦所有访谈员都熟悉了调查问题,就找来几个调查对象,开始进行试测,以发现调查问卷的潜在问题。

2. 管理调查

随着访谈员对调查的适应和剩余问题的解决,资料收集工作正式开始了。在访谈的前几周,访谈员受到密切监督。在最初的电话轮班期间,还配备了额外的主管人员,以监督访谈员,直到所有访谈员完成数次访谈。然后,在整个资料收集过程中,主管人员定期在第三条"不受干扰的线路"监听,以进行质量控制。

如前所述,这项调查是通过当地大学调查研究中心电脑辅助 143 电话访谈系统进行的。电脑辅助电话访谈系统有二十多个电脑工作站,可以同时进行电话访谈。电脑随机从预先筛选的列表中选择一个电话号码,将其提交给访谈员,访谈员拨号开始访谈,这一过程被称为随机数字拨号法。电脑辅助电话访谈系统的一个好处是,可以确保每个电话被选中的概率相同。

电脑辅助电话访谈系统的另一个好处是,在访谈过程中可以同步输入资料,这样就可以不断监测资料的生产率和质量。调查研究中心每周对资料进行审查,以监测访谈时间和异常响应的样本。此外,电脑辅助电话访谈系统记录了所有尝试拨打的电话,并提供了一种自动调度算法,该算法确保在不同的日子不同的时间拨打电话号码,直到取得联系为止。

　　为了使符合条件的潜在的调查对象能最大限度地参与调查,我们采用了加强版的合作程序。我们对访谈员进行培训,使他们对调查对象对研究目标的关注保持敏感。每个电话号码要尝试拨打多达 15 次。此外,对于不方便接受调查的调查对象,最多可在预定的时间回拨 10 次。如果那些符合条件的调查对象表示不愿意参与调查,还要再回拨几次。回拨通常会改变调查对象的态度,导致他们从最初的拒绝参与调查到愿意参与调查的"转变"。如果符合条件的调查对象第二次仍然拒绝,则不再联系该调查对象。

　　一旦与一个调查对象取得联系,就开始对其筛查,看看他是否符合居民资格标准。如果一个家庭中有超过一名成员符合条件,那么从符合条件的居民中随机挑选一位调查对象,你可以请最近刚过生日的成年人参与调查。这种请"最近刚过生日"的成年人参与调查的方法有助于确保家庭内部的随机选择。如有必要,可以安排回拨。

　　一旦一个家庭拥有参与调查的资格,接下来,就要向调查对象解释这项研究,并在开始调查之前取得调查对象的口头同意。向调查对象强调保密原则是为了明确调查会保护调查对象的隐私,同时也为了确保资料准确。如果访谈员不能确定访谈是在私密的条件下进行的,那么访谈将被终止,访谈获得的资料也将被丢弃。

　　资料收集大约需要 4 个月。当地大学调查研究中心为研究小组提供了一组数据,以及关于电话处理的信息,包括电话联系人的

144

数量、不合格的家庭、拒答率和应答率。调查研究中心大约拨打了12 800 个不同的电话号码，一共完成 4 200 次访谈。其中，5 次访谈被访谈人员判断为是低质量的访谈，相应的访谈数据被丢弃。调查研究中心还提供了一份由说西班牙语的调查对象组成的 22 个电话号码清单。一名翻译人员给这 22 个电话号码拨打电话，最终完成了 15 次访谈。可供分析的最终样本由 4 210 名成年肯塔基人组成。

电话调查的总应答率为 34.0％。计算应答率的方法是：用已完成的访谈数除以有资格参加研究的联系的家庭数。在这种情况下，调查研究中心完成的 4 200 次访谈和翻译人员完成的 15 次访谈除以 12 822 个已联系家庭的数量减去 418 个不符合条件的家庭：

$$应答率 = \frac{已完成的访谈数}{联系的家庭数 - 不合格的家庭数}$$
$$= \frac{(4200 + 15)}{(12822 - 418)}$$
$$= 34\%$$

重要的是，不要将应答率与其他相关术语，例如，合作率（所有符合条件的家庭中同意接受访谈的家庭的比例）、拒答率（符合条件的家庭中拒绝接受访谈或终止访谈的家庭的比例）等混淆。关于应答率、合作率、拒答率等更多信息，可在美国民意研究协会网站上找到。

3. 数据分析

数据分析的第一步是检查每个变量的值是否合理,特别是,当你用大量描述性统计数据来描述每个调查项目的特征时。检查每个变量的频率、范围、均值、中位数和众数(见第四章)。接下来,分析一般人口统计变量以确定随机样本代表总体的程度。尽管我们有大量的样本,但我们在样本中发现了年龄、性别和精神健康和智力障碍方面的差异,因此,我们给标准数据加权,以对样本进行统计调整,使其更能代表该州人口的总体情况。换句话说,在分析总体情况时,样本中代表性不足的被调查者(例如,年轻男性),他们在每个题目(例如,终生饮酒)上的选择将比有代表性的样本或代表性过高的被调查者(例如,老年女性)拥有更高的权重。大多数统计软件都有数据加权选项,可以用这些选项来调整。

通过新创建的加权数据集,我们开始系统分析每个变量。在收集数据的过程中,我们概述了最终报告的各个部分以及每一部分要包含的信息。我们还用此大纲建构我们的分析方法。两名团队成员,主要访谈员和研究主任进行数据分析并给数据编码。

4. 解释数据

一旦开始数据分析,就要召开小组会议,讨论原始数据的构建,特别要关注异常值以及造成这些异常值的原因。另外,小组会议还要给出进一步分析的建议。此外,另一个重要步骤是,在其他可用数据来源的背景下解释数据。例如,我们感兴趣的是,研究结果是否与其他类似的研究结果一致。例如,美国全国性毒品使用和健康调查项目和美国并发症研究与肯塔基州需求评估项目的研究结果是否相关。这两项研究都收集与物质滥用和治疗有关的信息。虽然研究方法不同,但众所周知,这两项研究检查的都是类似的问题。肯塔基州需求评估项目评估的物质滥用治疗需求没有美国全国性毒品使用和健康调查项目那么高(Office of Applied Studies,2003),但没有美国并发症研究那么低(Kessler et al.,2005)。我们还将数据与之前肯塔基州需求评估估计的数据进行了比较,结果发现两者的差异与同一时期国家水平上观察到的物质使用情况变化类似。这些发现使我们对肯塔基州需求评估项目的结果有了更多信心。

三、传播

1. 读者

在分析和解释数据之后,我们将注意力转向传播肯塔基州需求评估项目研究结果方面(见第五章)。我们撰写的报告可以满足不同读者的需求,既有用又可用。首先,我们必须向资助该项目的国家部门传播研究结果。然而,由于物质滥用现象广泛存在,社会层面对减少物质滥用这一问题也感兴趣,所以我们意识到其他读者可能也对肯塔基州需求评估项目的研究结果感兴趣。我们预期,政策制定者、提供治疗者、预防专家、刑事司法专业人员、研究人员和相关公民也对肯塔基州需求评估项目感兴趣。由于不同的读者将阅读这些研究结果,所以我们在撰写研究报告,传播研究结果时尽量少使用科学术语,并避免呈现复杂的统计分析过程。我们决定,在研究报告中只用百分比和平均数这两个统计指标。

2. 撰写报告

在肯塔基州需求评估项目开始时,我们同意编写一份项目报告,提交给资助该项目的机构。资助机构计划与其他社区和政府组织分享这项研究结果。这份项目报告同时也是为广大读者撰写的。我们查询了相关信息,确定了撰写肯塔基州需求评估项目报告的指导方针。我们发现,一些专业调查协会,例如,美国调查研究组织理事会(Council of American Survey Research Organizations),给出了撰写研究报告的最低准则。

147

- 呈现研究的赞助方。
- 描述研究目的。
- 描述样本及样本大小。
- 收集数据的日期。
- 研究人员或组织的名称。
- 用确切的措辞表述问题。
- 非专业人员合理评估报告结果所需的额外信息

撰写报告需遵循第五章所述的过程,负责撰写报告的研究团队成员起草前几节,将其分发给团队成员,以征求反馈意见。要针对报告的格式和数据的呈现方式展开讨论,修改最初几节,然后再由肯塔基州需求评估项目团队成员撰写剩余部分,同样需要将内容分发给团队成员进行内部审查。

肯塔基州需求评估项目报告分为以下几部分：

- 摘要

- 目的和目标

- 方法

- 数据分析和结果

- 结论

- 参考文献

- 附录

3. 呈现调查结果

148

数据以各种形式呈现。当我们想同时呈现几组数据时，我们发现，表格是最有效的呈现方式。表格还可以将数据分层，以便让读者比较两个子群在多个变量上的情况。表7.1 呈现了按性别分层的肯塔基州需求评估项目使用兴奋剂的数据。

表 7.1 使用兴奋剂的肯塔基成年人的估计人数

	男　性	女　性	总　计
可卡因	150 663	78 568	229 231
冰　毒	60 859	20 744	81 603
摇头丸	40 078	29 635	69 713
其他兴奋剂	151 405	70 414	221 819

数据也可以以图的形式呈现。条形图、线图和饼图都可以表示饮酒等物质使用方面的性别差异(如图 7.2 所示)。这种数据呈现方式能有效展现群体之间的巨大差异。

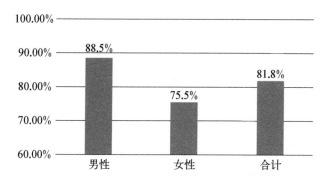

图7.2　肯塔基州成年人在生活中喝至少一种含酒饮品的百分比

由于肯塔基州需求评估项目使用随机分层样本设计,我们能够在行政区域水平上呈现数据,以展示变量在不同行政区域的变化。我们发现,图是一种非常有效的呈现数据的方式。虽然以图的形式呈现数据需要做更多的工作,但肯塔基州需求评估项目的数据图呈现效果很好,几乎不需要解释。图 7.3 显示了肯塔基州不同行政区域成年人治疗物质滥用需求百分比。[①]

---

① 肯塔基州成年人如果符合以下标准,则被认为存在物质滥用治疗需求:(1) 自我报告需要物质滥用治疗但不接受物质滥用治疗;(2) 在过去 12 个月满足《精神疾病诊断与统计手册第五版修订版》(DSM‑Ⅳ‑TR)物质滥用或物质依赖的标准;(3) 尽管自我报告存在物质滥用的相关问题,但在过去 12 个月仍滥用物质;(4) 在过去 12 个月从事与物质滥用有关的高危行为;(5) 在过去 30 天和妊娠期滥用物质。注意,这些标准既代表了感觉性需求评估,又代表了比较性需求评估(见第一章)。

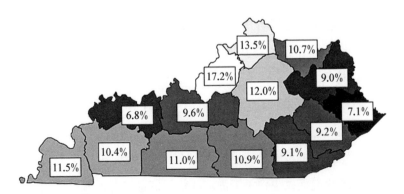

图 7.3　肯塔基州不同行政区域成年人治疗物质滥用需求估计百分比

4. 局限性

　　由于需求评估对象非常多样，明确说明需求评估的局限性非常重要。首先，我们讨论样本的局限性。如果在需求评估中只访谈住在家中的成年人，那么通过需求评估获得的物质使用和治疗需求的估计只能推广到这一人群。其他人群，如不满 18 岁、无家可归或被监禁的人，物质使用和治疗的需求可能与此不同。第二，由于数据是通过自我报告获得的，数据的有效性取决于调查对象的诚实、记忆和理解。我们的调查还会受有些家庭没有电话这种客观事实的限制，家中没有电话的调查对象将被排除在样本之外。

149

5. 提交报告

150

　　一旦报告经过需求评估小组多轮内部起草和审核，就到了将初稿发给政府机构审核的时候。两名团队成员与政府机构主任见面，接受报告内容审核并回答政府机构主任提出的任何问题。一旦确定报告过关了，接下来就要打印数十份报告并将它们装订好，分发给不同机构,也可以将报告放在网上,继续传播(可以在 http:/cdar. ukedy.u/knap 下载肯塔基州需求评估项目报告和调查工具)。

6. 传播

肯塔基州需求评估项目的最后一项任务是提交项目结题报告。然而,虽然我们知道这意味着项目正式结束了,但是我们的需求评估工作远远没有结束。研究结果一经传播,很多个人和团体就会要求我们提供更多关于需求评估的信息。游说者呼吁获取某些地区治疗物质滥用需求的数据,研究者跟我们联系,想要获取原始数据,各种组织请我们去演讲,资助机构需要更多项目结题报告的副本,我们还要接受媒体采访。我们甚至还要参与图书的撰写工作,专门撰写一章关于在全州范围内开展需求评估的内容。

四、小结

本章提供了一个由多学科研究团队在州一级开展的需求评估实例。本章以实例说明了前文概述的需求评估步骤,解释了在需求评估的规划、资料收集和传播阶段作出的许多处理和决定。与小规模需求评估相比,开展大规模需求评估需要更多的协作。因此,想要成功开展如本章所描述的这样大规模的需求评估,仔细规划必不可少。我们还提出了几种呈现和传播需求评估结果的方法,以使信息传播给不同的读者。

出于管理目的开展的需求评估

项目培训需求调查（TCU PTN）

员工版（TCU PTN‐S）①

调查对象：<u>临床督导和临床社会工作者</u>

　　请根据你开展的物质滥用服务项目的情况，圈出符合自己情况的选项。在本调查中，"服务项目"指的是由指定的工作人员在某个单一地点提供的单次治疗（如，在门诊或社区中开展的单次治疗）。

性别：○男　　　○女　　　　　　　　　出生年份：19＿＿＿＿年

你是西班牙裔或拉丁美裔吗？　　○否　○是

种族（单选）

○美洲印第安人/阿拉斯加土著人　　　○白人

○亚裔　　　　　　　　　　　　　　○多血统后裔

○夏威夷本地人或太平洋岛本地人　　○其他（请注明）：＿＿＿＿＿＿＿＿＿＿

○非洲裔美国人

---

　　①　该量表英文版权©2002归得克萨斯州沃斯堡得克萨斯克里斯汀大学（Texas Christian University，TCU）行为研究所所有。未经授权，不得使用。

需求评估

1. 日期： ____年____月____日
2. 邮政编码： ___ ___ ___ ___ ___ ___
3. 你是该项目的临床督导吗？ ○是 ○否
4. 个人工作经历

		年							
		1	2	3	4	5	6	7	8+
a. 你在药物治疗领域的工作时间为？………		○	○	○	○	○	○	○	○
b. 你在该项目的工作时长为？……………		○	○	○	○	○	○	○	○
c. 你在当前的岗位上的时长为？………		○	○	○	○	○	○	○	○

请圈出你对下列陈述的同意程度

	强烈不同意(1)	不同意(2)	不确定(3)	同意(4)	强烈同意(5)

设施和组织氛围

5. 在你的项目中,办公的空间、设施和用品是充足的。 ○ ○ ○ ○ ○

6. 在你的项目中,有充足的心理咨询人员和员工满足案主的需要。 ○ ○ ○ ○ ○

7. 在你的项目中,有足够的资源满足案主的大部分医学和精神病学方面的需求。 ○ ○ ○ ○ ○

8. 在你的项目中,大多数员工对服务品质感到积极和有信心。 ○ ○ ○ ○ ○

9. 你的项目有一个可预期的未来。 ○ ○ ○ ○ ○

10. 在你的项目中,员工相处融洽。 ○ ○ ○ ○ ○

11. 在你的项目中,员工士气高涨。 ○ ○ ○ ○ ○

对培训的满意度

12. 你的项目为员工提供了良好的内部(在职)培训。 ○ ○ ○ ○ ○

13. 过去的一年,你为项目员工找到了良好的外部培训活动。 ○ ○ ○ ○ ○

162

	强烈不 同意(1)	不同 意(2)	不确 定(3)	同意 (4)	强烈同 意(5)
14. 过去的一年,你所在的州资助的毒品 或酒精服务机构为你们提供了良好的 培训。	○	○	○	○	○
15. 过去的一年,地方政府或团体为你们 提供了良好的培训。	○	○	○	○	○

培训内容偏好

16. 你需要更多有关成瘾神经生物学的科 学信息。	○	○	○	○	○
17. 在新上市的药物方面,你需要更多的 药物治疗信息和培训。	○	○	○	○	○
18. 项目员工需要接受针对特殊人群的敏 感性培训。	○	○	○	○	○
19. 项目员工需要接受伦理和信息保密方 面的培训。	○	○	○	○	○
20. 需要对家庭参与及相关议题进行专门 的培训。	○	○	○	○	○
21. 需要对项目员工开展双重诊断和适当 治疗的培训。	○	○	○	○	○
22. 需要对项目员工开展如何使用简易 诊断性筛查工具的培训。	○	○	○	○	○
23. 项目员工需要接受理解其他员工职 能(如矫正官的职责)的培训。	○	○	○	○	○

咨询人员需要在以下方面接受培训

24. 评估案主的问题和需求。	○	○	○	○	○
25. 在治疗中提高案主的参与。	○	○	○	○	○
26. 监测案主的进展。	○	○	○	○	○
27. 增强与案主的友好关系。	○	○	○	○	○
28. 提高案主的思维能力。	○	○	○	○	○

	强烈不同意(1)	不同意(2)	不确定(3)	同意(4)	强烈同意(5)
29. 提高案主解决问题的能力。	○	○	○	○	○
30. 提升案主的行为管理。	○	○	○	○	○
31. 在团体咨询中提高案主对认知的重视。	○	○	○	○	○
32. 使用计算机化的案主评估。	○	○	○	○	○
33. 与其他单位或机构的员工合作。	○	○	○	○	○

培训策略偏好

34. 涉及多个专题的一般性入门介绍是一种有效的研讨会形式。	○	○	○	○	○
35. 特定专题的一整天集中强化培训是一种有效的研讨会形式。	○	○	○	○	○
36. 用于说明治疗是如何促进康复的治疗过程模型的概念性介绍是有益的。	○	○	○	○	○
37. 培训研讨会应以循证干预为基础。	○	○	○	○	○
38. 培训研讨会应在干预手册的指导下开展干预。	○	○	○	○	○
39. 培训研讨会应采用角色扮演和小组活动的形式。	○	○	○	○	○
40. 专门化培训后提供电话咨询是有益的。	○	○	○	○	○
41. 通过互联网提供的专门化培训是有益的。	○	○	○	○	○
42. 与其他类似的项目交流观点是有益的。	○	○	○	○	○
43. 培训后提供现场咨询是有益的。	○	○	○	○	○

计算机资源

44. 该项目的大多数案主记录都计算机化了。	○	○	○	○	○
45. 项目员工会操作电脑。	○	○	○	○	○

	强烈不同意(1)	不同意(2)	不确定(3)	同意(4)	强烈同意(5)
46. 项目需要更多的计算机资源。	○	○	○	○	○
47. 项目员工在工作中可以使用电子邮件和互联网。	○	○	○	○	○
48. 项目的政策限制了工作人员使用电子邮件和互联网。	○	○	○	○	○

培训的阻碍

49. 项目的工作量和压力导致开展新培训的动力不足。	○	○	○	○	○
50. 预算不允许大多数项目员工每年参加专业性的培训。	○	○	○	○	○
51. 最近的培训和培训主题过于狭窄。	○	○	○	○	○
52. 最近的培训,培训者的素质很差。	○	○	○	○	○
53. 培训活动占据了太多的时间,影响提供服务。	○	○	○	○	○
54. 项目员工对培训的兴趣主要是出于满足执业资格的要求。	○	○	○	○	○
55. 往往很难将在培训中学到的东西应用于当前的项目中。	○	○	○	○	○
56. 资源(如办公空间或预算)有限使得很难采用新的治疗理念。	○	○	○	○	○
57. 项目员工的工作经历和受训背景限制了治疗方法的革新。	○	○	○	○	○
58. 在项目中,革新治疗方法或程序获得的回报太少了。	○	○	○	○	○

参考文献

Acosta, O., & Toro, P. A. (2000). Let's ask the homeless people themselves: A needs assessment based on a probability sample of adults. *American Journal of Community Psychology*, *28*(3), 343 – 366.

Aviles, A., & Helfrich, C. (2004). Life skill service needs: Perspectives of homeless youth. *Journal of Youth and Adolescence*, *33*(4), 331 – 338.

Batsche, C., Hernandez, M., & Montenegro, M. C. (1999). Community needs assessment with Hispanic, Spanish-monolingual residents. *Evaluation and Program Planning*, *22*, 13 – 20.

Berg, B. (1998). *Qualitative Research Methods for the Social Sciences* (3rd ed.). Boston: Allyn & Bacon.

Best, D., Day, E., & Campbell, A. (2007). Developing a method for conducting needs assessment for drug treatment: A systems approach. *Addiction Research Theory*, *15*(3), 263 – 275.

Beverly, C. J., Mcatee, R., Costello, J., Chernoff, R., & Casteel, J. (2005). Needs assessment of rural communities: A focus on older adults. *Journal of Commulity Health*, *30*(3), 197 – 212.

Bradshaw, J. (1977). The concept of social need. In N. Gilbert & H. Specht (Eds.), *Planning for Social Welfare: Issues, Models and Tasks*. Englewood Cliffs, NJ: Prentice Hall.

Brody, R. (2006). *Effectively managing human services organizations*. Thousand Oaks, CA: Sage Publications.

Cassidy, E. L., et al. (2005). Assessment to intervention: Utilizing a staff needs assessment to improve care for behavioraly challenging residents in long term care. *Clinical Gerontologist*, *29*(1), 27 - 38.

Chrislip, D. D. (2002). *The Collaborative Leadership Fieldbook*. San Francisco, CA: Jossey Bass.

Cook, G. M., & Oei, T. S. (1998). A review of systematic and quantifiable methods of estimating the needs of a community for alcohol treatment services. *Journal of Substance Abuse Treatment*, *15*(4), 357 - 365.

Courtney, K. O., Joe, G. W., Rowan-Szal, G. A., & Simpson, D. (2007). Using organizational assessment as a tool for program change. *Journal of Substance Abuse Treatment*, *23*, 131 - 137.

Daiski, I. (2007). Perspectives of homeless people on their health and health needs priorities. *Journal of Advanced Nursing*, *58*(3), 273 - 281.

Ernst, J. S. (2000). Mapping child maltreatment: Looking at neighborhood in a suburban county. *Child Welfare*, *70*, 555 - 572.

Ensign, J. (2003). Ethical issues in qualitative health research with homeless youths. *Journal of Advanced Nursing*, *43*(1), 43 - 50.

Gfroerer, J., Epstein, J., & Wright, D. (2004). Estimating substance Abuse treatment need by state. *Addiction*, *99*(8), 938 - 939.

Hampton, C., & Vilela, M. (2007). *Conducting surveys: The community tool box*. Retrieved November 12, 2007 from http://ctb.ky.edu.

Hillier, A. (2007). Why social work needs mapping. *Journal of Social Work Education*, *43*(2), 205 - 221.

Johnson, T. P., Hougland, J. G., & Clayton, R. R. (1989). Obtaining reports of sensite behavior: A comparison of substance use reports from telephone and face-to-face interviews. *Social Science Quarterly*, *70*(1), 174 - 183.

Kessler, R. C., Berglund, P., Demler, O., Jin, R., Merikangas, K. R., & Walters, E. E. (2005). Lifetime prevalence and age-of-onset distributions of DSM - IV disorders in the National Comorbidity Survey Replication. *Archives of General Psychiatry*, *62*, 593 - 602.

Kramer, R., et al. (2002). Community needs assessment of lower Manhattan residents from the World Trade Center attacks — Manhattan, New York

City, 2001. Centers for Disease Control. *MMWR Weekly*, *51*, 10 - 13.

Lewis, M. J., West, B., Bautista, L., Greenberg, A. M., & Done-Perez, I. (2005). Perceptions of service providers and community members on intimate partner violence within a Latino community. *Health Education Behavior*, *32*(1), 69 - 83.

McAuliffe, W. E., Geller, S., LaBrie, R., Paletz, S., & Fournier, E. (1998). Are telephone surveys suitable for studying substance abuse? Cost, administration, coverage and response rate issues. *Journal of Drug Issues*, *28*(2), 455 - 481.

McNeil, M., et al. (2006). Rapid community needs assessment after Hurricane Katrina-Hancock County, Mississippi, September 14-15, 2005. Centers for Disease Control. *MMWR Weekly*, *55*, 234 - 236.

Milne, D. L., & Roberts, H. (2002). An educational and organizational needs assessment for staff training. *Behavioral and Cognitive Psychotherapy*, *30*, 153 - 164.

Montcalm, D., & Royse, D. (2002). *Data Analysis for Social Workers*. Boston: Allyn & Bacon.

Office of Applied Studies. (2003). *2003 National Survey on Drug Use and Health*. Retrieved from http://oas. samhsa. gov/nhsda/2k3nsduh/2k3Overview.htm # toc

Penchansky, R., & Thomas, J. W. (1981). The concept of access: Definition and relationship to consumer satisfaction. *Medical Care*, *19*(2), 127 - 140.

Radloff, L. S. (1977). The CES - D Scale: A self-report depression scale for research in the general population. *Applied Psychological Measurement*, *3*, 385 - 401.

Rowan-Szal, G. A., Greener, J. M., Joe, G. W., & Simpson, D. D. (2007). Assessing program needs and planning change. *Journal of Substance Abuse Treatment*, *33*(2), 121 - 129.

Royse, D. (1987). Community perceptions of quality of care and knowledge of specific CMHC Services. *Journal of Marketing for Mental Health*, *1*(1), 151 - 166.

Royse, D. (2004). *Research methods in social work* (4th ed.). Pacific Grove, CA: Brooks/Cole-Thomson.

Royse, D. (2008). *Research methods in social work* (5th ed.). Belmont, CA: Tomson.

Royse, D., & Drude, K. (1982). Mental health needs assessment: Beware of false promises. *Community Mental Health Journal*, *18*(2), 97 - 106.

Rush, B. (1990). A systems approach to estimating the required capacity of alcohol treatment services. *British Journal of Addiction*, *85*, 49 - 59.

Salize, H. J., et al. (2001). Needs for mental health care and service provision in single homeless people. *Social Psychiatry and Psychiatric Epidemiology*, *36*, 207 - 216.

Sawicki, D. S., & Flynn, P. (1996). Neighborhood indicators: A review of conceptual and methodological issues. *Journal of the American Planning Association*, *62*, 165 - 183.

Simons-Morton, B. G., Greene, W. H., & Gottlieb, N. H. (1995). *Introduction to Health Education and Health Promotion* (2nd ed.). Prospect Heights, IL: Waveland Press.

Simpson, D. D. (2002). A conceptual framework for transferring research to practice. *Journal of Substance Abuse Treatment*, *27*, 99 - 121.

Staton-Tindall, M., Havens, J., Leukefeld, C., & Burnette, C. (2007). *Evaluation of Operation UNITE*. Unpublished report, University of Kentucky Center on Drug & Alcohol Research.

The American Heritage Dictionary (4th ed.). Boston: Houghton Mifflin, 2000. Retrieved from http://www.bartleby.com/61/

Tipping, J. (1998). Focus groups: A method of needs assessment. *The Journal of Continuing Education in the Health Professions*, *18*, 150 - 154.

Tomkins, A., Shank, N., Tromanhauser, D., Rupp, S. & Mahoney, R. (2005). United Way and university partnerships in community planning and plan implementation: The case of Lincoln/Lancaster County, Nebraska. *Journal of Commity Practice*, *13*(3), 55 - 71.

Unruh, D. (2005). Using primary and secondary stakeholders to define facility-to-community transition needs for adjudicated youth with disabilities. *Evaluation and Program Planning*, *28*, 413 – 422.

Vilela, M. (2007). *Conducting interviews: The community tool box*. Retrieved November 14, 2007 from http://ctb.ky.edu

Weinbach, R. W., & Grinnell, R. M. (1998). *Statistics for social workers* (4th ed.). New York: Addison-Wesley Educational Publishers.

Weinbach, R. W., & Grinnell, R. M. (2007). *Statistics for social workers* (7th ed.). Boston: Pearson Education.

Witkin, B. R., & Altschuld, J. W. (1995). *Planning and Conducting Needs Assessments: A Practical Guide*. Thousand Oaks, CA: Sage Publications.

索引 *

B
编码本/codebook, 74
便利样本/sample of
convenience, 59
标准差/standard deviation, 77

C
常量比较分析/constant
comparative analysis, 91
抽样偏差/sampling bias, 57

D
单变量分析/univariate analysis, 71
地理信息系统/geographic
information system, 54
等距变量/interval level variable, 82
电话调查/telephone survey, 62
电脑辅助电话访谈/computer-
assisted telephone interview, 139
电脑辅助个人访谈/computer-

assisted personal interview, 138
电子邮件调查/email survey, 62
定量数据分析/quantitative data
analysis, 71
动机/投入连续体/motivation/
commitment continuum, 22

E
二手数据/secondary data, 51

F
方差分析/ANOVA, 84
分层随机抽样/stratified random
sampling, 62
封闭式问题/closed-ended
questions, 64

G
个人访谈/personal interview, 63
工具效度/instrument validity, 68

---

* 本索引中,数字为页边码,提示可在该页边码所在页面检索相关内容。——译者注

译后记

需求评估是社会工作实务中的重要一环,也是社会工作实务取得预期效果的重要保证。

在本书中,需求评估主要指的是对社区或大型群体所做的需求评估。

第一章介绍了需求评估的基本概念之后,作者通过介绍需求评估的过程(第二至第五章),向读者展示需求评估的基本要求和技巧。

考虑到社会工作者在其职业生涯中可能有许多机会在组织情境(社会工作机构)中进行员工培训需求评估,作者特意在第六章提出员工培训需求评估的组织模型,以此讨论员工培训需求评估需要考虑的关键要素。同时,为了给读者展示一个完整的大规模需求评估的例子,作者在第七章介绍了美国肯塔基州全州的物质滥用治疗需求评估项目的例子。

目前,在国内的社会工作领域,关于需求评估的著作尚不多见。希望这本书的翻译和出版能够给国内同行带来一些帮助。

本来，我打算单独完成这本书的翻译工作，后来发现，这是一个不切实际的想法。因此，我请我的博士生莫腾飞来完成这件事，我则主要参与了索引部分的翻译和修订，同时针对初译稿存在的问题提出具体的修改意见，并对全书进行了统校。

译文如有不足之处，还请读者批评指正。

曾守锤

图书在版编目（CIP）数据

需求评估 / (美) 大卫·罗伊斯 (David Royse) 等著；
曾守锤, 莫腾飞译. — 上海：上海教育出版社，2023.6
（社会工作研究方法指导丛书 / 曾守锤主编）
ISBN 978-7-5720-2073-5

Ⅰ. ①需… Ⅱ. ①大… ②曾… ③莫… Ⅲ. ①社会工
作 – 需求 – 评估 Ⅳ. ①C916

中国国家版本馆CIP数据核字(2023)第106637号

David Royse, Michele Staton-Tindall, Karen Badger, J. Matthew Webster
Needs Assessment
ISBN: 9780195368789
Copyright@2009 Oxford University Press, Inc.
NEEDS ASSESSMENT was originally published English in 2009.
This translation is published by arrangement with Oxford University Press.
本书原版由牛津大学出版社出版，简体中文翻译版由牛津大学出版社授权。
版权所有，盗版必究。
上海市版权局著作权合同登记号　图字09-2021-0557号

责任编辑　王　蕾
封面设计　王　捷

社会工作研究方法指导丛书
曾守锤　主编
需求评估
[美] 大卫·罗伊斯、米歇尔·斯塔顿-廷德尔、卡伦·巴杰、J. 马修·韦伯斯特　著
曾守锤　莫腾飞　译

出版发行　上海教育出版社有限公司
官　　网　www.seph.com.cn
地　　址　上海市闵行区号景路159弄C座
邮　　编　201101
印　　刷　上海叶大印务发展有限公司
开　　本　890×1240　1/32　印张5.875　插页1
字　　数　119千字
版　　次　2023年7月第1版
印　　次　2023年7月第1次印刷
书　　号　ISBN 978-7-5720-2073-5/C·0012
定　　价　49.00元

如发现质量问题，读者可向本社调换　　电话：021-64373213